Albert Geng · Wandern mit Kindern im Nürnberger Land

Albert Geng

Wandern mit Kindern im Nürnberger Land

17 interessante Kurzwanderungen

Pfeiffer Verlag

www.pfeiffer-medienhaus.de
Hersbruck 2012
ISBN 978-3-927412-27-9
Druck: PuK Krämmer GmbH, Hersbruck

Wegekarten aus „Fritsch Wanderkarten“
Nr. 80 Frankenalb im Nürnberger Land
Nr. 72 Hersbrucker Schweiz in der Frankenalb
Fotos: Geng, Pflaum, Riedl

Inhaltsverzeichnis

Diese Wanderungen sind für Buggy geeignet, kurze, unwegsame Stellen lassen sich jedoch nicht vermeiden.

Vorwort

Eine Wanderung mit Kindern so ab vier Jahren ist immer ein besonderes Erlebnis, und wer mit Kindern wandert muss viel Zeit und Muße mitnehmen. Draußen in Wald und Flur gibt es soviel zu sehen, zu finden und zu tun. Das geht schon beim Sammeln von Blättern, Steinen und kleinen Stöcken an. Da muss einiges mitgenommen werden, deshalb sollte man immer eine Plastiktüte, einen Beutel oder einen Rucksack dabei haben. Wichtig ist auch, dass es auf der gewählten Route etwas Besonderes zu sehen gibt, interessante Felsen, kleine Höhlen, Burgen oder Burgruinen, deshalb auch die Taschenlampe nicht vergessen. Besonderen Spaß kann auch ein plätschernder Bach, ein Wasserfall, ein Brunnen oder nur eine Quelle machen. Natürlich sind auch Wege mit Info- oder Schautafeln interessant und kurzweilig. Außerdem kann auch noch ein Spielplatz am Weg liegen.
Bei so einem Wald-Wiesen-Spaziergang kann man den Kleinen die Natur näher bringen und viel Interessantes zeigen. Da springen kleine braune Laubfrösche über den Pfad, am Wiesenrand hüpfen kaum sichtbare Heuschrecken durcheinander oder ein Regenwurm schlüpft schnell in sein Erdloch und mit etwas Glück sehen wir einen Feuersalamander behäbig durch den nassen Laubteppich kriechen. Die verschiedensten Blumen, Gräser und Sträucher gibt es zu bewundern und besonders schöne „Stäckerla“ und Blätter liegen herum. Wenn man sich ruhig verhält, huscht auch mal ein Reh den Hang hoch oder ein Fasan startet aus der Feldhecke.
Lassen Sie Ihre Kleinen ruhig mal vorsichtig eine Raupe anfassen und auf einen moosigen Zweig setzen oder einen Marienkäfer über die Hand laufen. Papa oder Opa können auch mal einen Frosch oder einen Feuersalamander in die Hand nehmen, das ist nicht gefährlich, nur sollte man bei der nächsten Gelegenheit die Hände waschen.

Sollte es im Herbst mal später werden, die Sonne schon untergehen und die Dämmerung einziehen, dann neigt sich für alle ein hoffentlich besonders schöner Tag dem Ende zu.
Solche Wanderungen bereiten Kindern, Eltern und Großeltern viel Freude. Ich wünsche Ihnen mit diesem Büchlein viele frohe Stunden in unserer mit natürlichen Sehenswürdigkeiten und geschichtlichen Besonderheiten gesegneten Landschaft.
Selbstverständlich sind die vorgeschlagenen Wanderrouten, was die Länge der Strecke angeht, auch für Senioren geeignet. Allerdings lassen sich in unserer Mittelgebirgslandschaft mittelschwere Steigungen wie bei den Wanderungen 1, 3, 4, 5, 6, 9, 13 und 17 nicht ganz vermeiden.

Albert Geng

Weitere auch für Kinder interessante Rundwege und Lehrpfade

Geoökologischer Wanderweg - Dieser 3 km lange Naturlehrpfad, mit insgesamt 27 Info- oder Schautafeln, ist in etwa einer Stunde zu laufen. Er beginnt an der Bushaltestelle St. Kunigund in der Hardtstraße in Lauf und führt durch die wildromantische Bitterbachschlucht. Die zweite Hälfte führt größtenteils auf Asphaltwegen vorbei an Sportstätten und Schulen. Siehe auch Wanderung 12!

Karstkundlicher Wanderpfad - Er führt von Neuhaus aus durch das „Naturkundliche Freilandmuseum“ um die Maximiliansgrotte. Dabei kommt man an zahlreichen merkwürdigen Naturdenkmälern, Felspartien, Höhlen und Dolinen vorbei. Die Hauptziele sind, die Mysterien-, Maximilians- und Vogelherdgrotte, die Beiden Brüder, die Steinerne Stadt und die Weisingkuppe. Der Weg ist mit Grünpunkt markiert und von Neuhaus aus ca. 14 km lang. Ab der Maximiliansgrotte lässt sich ein ca. 5 km langer Rundweg daraus machen. Mit Rotkreuz bis zur Vogelherdgrotte und dann mit Grünpunkt durch die „Steinerne Stadt“ zurück. Siehe auch Wanderung 10!

Archäologischer Wanderweg - Dieser mit dem „Speikerner Reiterlein“ markierte Weg wurde vom Heimat- und Geschichtsverein Neunkirchen am Sand e.V. ausgearbeitet und angelegt. Er führt an Zeugnissen der frühgeschichtlichen Zeit vorbei auf die Albhöhe und zur Felskanzel Glatzenstein. Start ist der Wanderparkplatz an der Straße zwischen Speikern und Kersbach. Die einfache Strecke ist 11 km und die erweiterte Strecke 13 km lang.

Siehe auch Wanderung 13!

Naturerlebnispfad „Hartensteiner Oberberge" - Auf diesem 3,5 km langen Rundweg lernen die Kinder etwas über Geologie, Pflanzen, Bäume, Tiere und Erde. Auf den insgesamt 15 Stationen können sie auch Felsen erkunden, ihren Tastsinn prüfen und Waldinstrumente erklingen lassen. Siehe auch Wanderung 11!

Kalorienweg - Dieser knapp 7 km lange mit Ziffer 8 markierte Rundweg beginnt am Schlossplatz in Hersbruck und ist mit 9 Tafeln ausgestattet. Dabei wird mit lustigen Bildern und Sprüchen auf die jeweils abgelaufenen bzw. verbrauchten Kalorien hingewiesen. Die Route ist sehr abwechslungsreich, doch es sind auch einige kräftige Steigungen zu überwinden.

Mühlenweg - Dieser Weg erinnert an die Nutzung der Wasserkraft im Hammerbachtal und erzählt auf 33 Tafeln viel über die Arbeit in den Mühlen. Er beginnt am Bahnhof in Henfenfeld und ist insgesamt 15,5 km lang. Er lässt sich auch von Engelthal oder Offenhausen aus abkürzen.

Naturerlebnis Rinntal - Dieser ca. 2 km lange Lehrpfad beginnt in Alfeld am Parkplatz „Bauernwiese". Er erläutert auf insgesamt 10 Tafeln den Lebensraum am Albach mit den Wacholderheiden, Hutangern und Streuobstwiesen. Keinesfalls für Buggy!

Lehrpfad der EWAG - An diesem sehr interessanten ca. 2,2 km langen Rundweg um das Oberbecken des

Happurger Kraftwerkes stehen insgesamt 53 informative lehrreiche Tafeln. Er ist allerdings mindestens bis Herbst 2012 wegen Bauarbeiten nicht begehbar. Übersichtstafel am Parkplatz Oberbecken, an der Straße nach Deckersberg. Siehe auch Wanderung 1.

Kapellenwege

Um Neuhaus sind zwei jeweils rund 7 km lange Wege angelegt, die zu den zahlreichen Feldkapellen, Kreuzen und Marterln führen und darüber erzählen.

Happurger Geschichtsweg – Dieser ca. 3 km lange, heimatgeschichtlich interessante Rundweg beginnt am Parkplatz Seeterrassen, führt Richtung Kainsbach und Förrenbach, um den Stausee und zum Kraftwerks-Eingang. Insgesamt 12 Tafeln erzählen über den ehemaligen Reichenecker Herrschaftschaftsbereich und auch über die neuere Geschichte.

Weitere Lehrpfade

Naturlehrpfad ab Sportplatz in Velden. Seit kurzem gibt es in Happurg auch einen Geologischen Wanderweg, der am S-Bhf. beginnt. Naturlehrpfad bei Königstein mit Start am Freibad. Den 1 km langen Salamanderweg durch den Wengleinspark bei Eschenbach. Nahe Mittelburg gibt es einen kurzen Archäologischen Wanderweg um den Hochberg. Im Kainsbachtal und Molsbachtal gibt es den Hutangerweg. Der ist 10 bzw. 12 km lang, kann aber beliebig abgekürzt werden. Interessant ist auch eine Wanderung, mit Beschilderung, vom Bahnhof Weißenohe über Dorfhaus, vorbei an den Kalktuffstufen der Lillach, bis zur Quelle. In Schnaittach gibt es einen Geschichtsweg.

Fritsch
WANDER- u. RADWANDERKARTEN
Von vielen größeren Fremdenverkehrsorten
sind Wanderkarten im Maßstab 1:35000 erhältlich.
Wanderkarten M 1:50000 - 1:35000
45 Westl. Thüringer Wald
47 Östl. Thüringer Wald
48 NP Thür. Schiefergeb.-Ob. Saale
49 Vogtland - Plauen - Hof
50 Oberes Maintal-Coburg-Staffelstn.
51 Naturpark Frankenwald
52 NP Fichtelgebirge und Steinwald
53 NP Fränk. Schweiz (Bl. Süd)
54 Naturpark Steinwald - Stiftland
55 NP Nördl. Oberpfälzer Wald - Böhmerwald
56 NP Oberer Bayer. Wald - Böhmerw.
57 Vorderer Bayerischer Wald
59 Nationalpark Bayer. Wald (35 T.)
60 Mittl. Bayer. Wald - Böhmerwald
61 Furth im Wald (35 T.)
62 Südlicher Bayerischer Wald
63 Landkreis Regensburg
64 Hofer Land
65 NP Fränk. Schweiz (Bl. Nord)
66 Bamberg - Forchheim
67 Naturpark Steigerwald
68 Naturpark Rhön
69 Rund um den Arber - Böhmerwald
71 Frankens gemütliche Ecke
72 Hersbrucker Alb - Frankenalb
73 NP Hessenreuther u. Mant. Wald
75 Nürnberg - Fränkisches Seenland
77 Chiemgauer Alpen
78 Landkreis Altötting
80 Frankenalb im Nürnberger Land
81 Kiefersfelden-Kufstein-Kaisergeb.
83 Landkreis Würzburg
86 Salz - Spuren zw. Salzach und Inn
87 Schweinfurter Land
88 Landkreis Main-Spessart
89 Naturpark Haßberge
91 Naturpark Steinwald (35 T.)
92 Oberpf. Wald - Vohenstrauß (35T.)
95 Grenzenlos - Chiemsee - Kaisergeb.
98 Naturpark Spessart (Bl. Nord)
99 Naturpark Spessart (Bl.Süd)
Wanderkarten M 1:35000
108 Bischofsgrün - Bad Berneck
109 Fichtelberg - Warmenst.
123 Gößweinstein - Pottenstein
124 Wiesenttal - Ebermannstadt
125 Trubachtal
128 Südöstl. Fränk. Schweiz
175 Fränk. Seenland
Radwanderkarten M 1:50000
562 Südl. Bayerischer Wald
568 NP Rhön
580 Frankenalb i. Nürnb. Land
587 Schweinfurter Land
595 Grenzenlos
WANDERKARTE
HERSBRUCKER SCHWEIZ
FRÄNKISCHES SEENLAND
NÜRNBERG
Fränk. Seenland
Frankenalb
RADWANDERKARTE
Fritsch
LANDKARTENVERLAG
http://www.fritsch-landkartenverlag.de
Hirschberger Str. 7
95030 Hof/Saale
Tel. 09281/6962
Postfach 1144
95010 Hof/Saale
Fax 09281/66814
e-mail: info@fritsch-landkartenverlag.de

1 Zum Arzbergturm und Jungfernsprung

Starten und Parken: Wander-Parkplatz am Oberbecken – **Weg und Zeit:** ca. 8 km, 2 Stunden – **Einkehren:** in der Edelweißhütte (Die-Ruh) – **Anfahrt:** von Hersbruck Richtung Lauterhofen bis Happurg, dann Bergstraße Richtung Deckersberg - **Bahnlinie:** S 1 Nürnberg - Hartmannshof bis S-Bhf- Happurg - **Anschluss** mit Grünkreuz oder UvK-Weg zum Oberbecken ca. 2 km, steiler Aufstieg.

Bequeme Waldwege und -pfade führen zu einer Waldgaststätte mit Spielplatz und Klettergarten. Danach geht es zu einem Aussichtsturm und einer Felskanzel. Der Weg folgt ein Stück dem vom Kraftwerk angelegten interessanten Lehrpfad.

An der Parkplatz-Einfahrt kreuzen wir die Straße Happurg-Deckersberg und steigen im Wald mit Blaupunkt, Grünkreuz und 5 hoch. (Ww. Arzbergturm). Grünkreuz biegt bald links ab, mit Blaupunkt und Ziffer 5 geht es gerade über die kleine Anhöhe, dann abwärts und kurz durch Felder. Drüben am Wald gehen wir links abwärts durch ein Waldstück, folgen in der nächsten Ackerlichtung dem Querweg rechts zum Waldeck und gehen dort

links am Waldrand entlang.
Am Ende des Ackers kommt Rotkreuz rechts von Ellenbach und führt zusammen mit 5 geradeaus aufwärts zum Aussichtsturm. Wir kommen dann von dort zurück, folgen jetzt aber erst dem blauen Punkt links in den Wald. Am nächsten Acker (Blick auf Deckersberg) geht es kurz rechts und im Wald mit dem zweiten Weg (nicht den unteren Weg nehmen) links weiter.
Wir wandern leicht aufwärts durch den Buchenhochwald und später durch hohes Gestrüpp wieder abwärts. Einst stand hier ein schöner Kiefern- und Fichtenwald, der wurde vom Borkenkäfer befallen und musste gefällt werden. Rechts kommt noch der mit Rotkreuz markierte Pfad vom Turm, dem wir nach der Rast folgen. Beide Zeichen führen jetzt zur nahen Edelweißhütte, einer idyllisch gelegenen Waldgaststätte mit Spielplatz und kleinem Klettergarten.
Das Gelände der Jugendfreizeitstätte verlassen wir mit Blaupunkt und Rotkreuz auf bekanntem Weg und gehen im Wald bei der Gabelung mit Rotkreuz geradeaus aufwärts auf wurzeligem Pfad durchs hohe Gestrüpp.
Aufpassen! Nachdem es kurz abwärts ging, geht es im Buchenhochwald etwas links und dann biegt der gut markierte Weg nach rechts und kreuzt bald einen Querweg. Danach kurz aufwärts und rechts, später links herum bis zum Arzbergturm.

Der 1885/86 errichtete Aussichtsturm ist neben der Burg Hohenstein und der Festung auf dem Rothenberg eines der weithin sichtbaren Wahrzeichen der Hersbrucker Schweiz. Wer die 117 Stufen hochsteigt, kann bis zum Fichtelgebirge und weit über die Oberpfalz schauen. Was es zu sehen gibt, steht oben auf den an der Mauer angebrachten Tafeln.

Bei schönem Wetter ist der Turmwärter samstags und

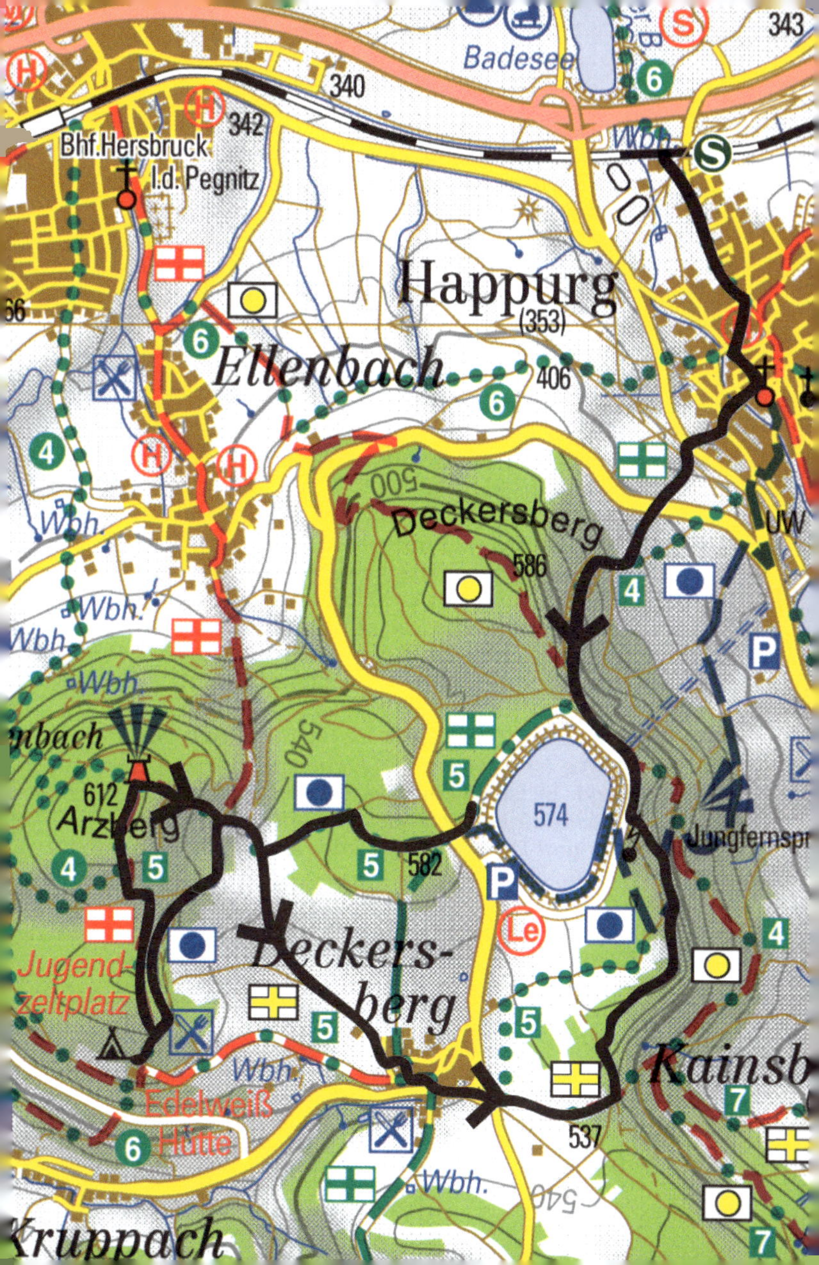

Badesee
343
340
342
Bhf.Hersbruck
l.d. Pegnitz
Wbh.
Happurg
(353)
Ellenbach
406
500
Deckersberg
586
UW
540
574
Jungfernspr
Arzberg
612
582
Deckers-
berg
Jugend-
zeltplatz
Kainsb
Edelweiß
Hütte
537
Kruppach

sonntags da, dann weht die Fahne auf dem Turm. Ansonsten gibt es den Schlüssel leihweise in der Edelweißhütte oder bei der Tourist-Info in Hersbruck.
Wenn wir vom Turm herauskommen, müssen wir links herum wenige Schritte vom Turm weg. Dann führt Rotkreuz steil abwärts und rechts durch den Graben. Im Hochwald geht es weiter abwärts über mehrere Querwege bis zu dem vom Herweg bekannten Acker.
Hier gehen wir nur kurz mit Blaupunkt und der Ziffer 5 geradeaus am Waldrand entlang und rechts in die Felder. Dann verlassen wir die beiden links aufwärts führenden Zeichen und wandern **ohne Zeichen** mit dem Feldweg geradeaus hoch über die Geländewelle durch die freie Flur auf das Dorf Deckersberg zu.
Am Ortsanfang kommt Grünkreuz vom Oberbecken und Gelbkreuz von der Edelweißhütte, beide führen zur Ortsmitte und am Haltestellenhäuschen rechts zur Kruppacher Straße. Hier kommt der „Ulrich-von-Königstein-Weg“ auf uns zu und wir verlassen Grünkreuz und folgen mit den anderen Zeichen der Straße links aufwärts.

Der dem Stifter des Engelthaler Klosters gewidmete, mit rotem Senkrechtstrich auf Gelb markierte **Ulrich-von-Königstein-Weg** *ist einer von 50 Qualitätswanderwegen in Deutschland. Er ist 60 km lang, beginnt in Engelthal, führt über Kucha, Kainsbach nach Lichtenegg und dann über Happurg und Deckersberg wieder zurück nach Engelthal.*

In der Linkskurve verlassen wir die Straße wieder, wandern mit allen Zeichen geradeaus in die Felder und gehen bei der Dreiergabelung den linken Weg leicht aufwärts. Oben geht es, mit Blick auf Reicheneck, abwärts zum linken Wald. Dort verlassen wir das gelbe Kreuz, das abwärts nach Kainsbach führt und folgen den anderen Zeichen und dem Wegweiser „Jungfernsprung“ links

in den Wald.
Nach einer kurzen Steigung führt der Weg rechts herum und bald geht es auf einem Pfad hinaus zur Felskanzel „Jungfernsprung". Bitte die Kinder an der Hand nehmen!

Von dieser Felskanzel, hoch über dem heutigen Happurger Stausee, soll im Dreißigjährigen Krieg ein Mädchen auf der Flucht vor zwei Kriegsknechten, in die Tiefe gesprungen sein. Glücklicherweise konnte sie sich in einer Baumkrone abfangen und hat so überlebt.

Nachdem wir die Aussicht genossen haben, geht es zurück zum Wanderweg und kurz rechts. Dann kommt Blaupunkt von Happurg herauf und mit allen Zeichen geht es jetzt ca. 120 Schritte links und dann rechts auf schönem Waldweg bis zu den Tafeln „Tiere des Waldes" vor dem Damm des Oberbeckens.

Hinter diesem Damm befindet sich das Oberbecken des Pumpspeicherwerkes Happurg, das in den Jahren 1956 bis 1958 errichtet wurde. Vom 55 Hektar großen Stausee im Tal wird das Wasser in diesen künstlich angelegten See gepumpt und bei Strombedarf stürzen dann pro Sekunde bis zu 90 cbm Wasser durch 3,7 m dicke Rohre in die Turbinen im Tal,

Von hier gibt es drei Möglichkeiten zurück zum Parkplatz zu kommen. Der kürzeste ist mit dem blauen Punkt markiert, er führt die Stufen hoch und auf dem geteerten Weg links um das Oberbecken. Oben rechts herum an der Schleuse vorbei ist es noch etwas weiter.
Wir können hier aber auch mit dem Lehrpfad und UvK-Weg geradeaus leicht abwärts gehen und kommen dann an den Materialhütten vorbei zum Giftpflanzengarten.
Dann biegt der UvK-Weg rechts ab und die Markierung

Grünkreuz kommt von Happurg und mit diesem Zeichen, der 5 und dem Naturlehrpfad geht es links unterhalb des hier hohen Dammes an einem kleinen Teich vorbei zurück zum Parkplatz.

Am Ankatal

2 Vom Seeanger zum Glatzenstein und großen Hansgörgl

Parken und starten: Nahe dem Hutanger an der Straße zwischen Oberkrumbach und Weißenbach. Kein offizieller Parkplatz, bitte mit Rücksicht auf die Natur parken. Wer von Weißenbach kommt, kann eventuell, dort wo der Frankenweg kreuzt, eine Parkmöglichkeit finden – **Weglänge:** knapp 6 km, – Keine Einkehrmöglichkeit.

Besonders schön ist diese Wanderung an klaren Tagen im Frühjahr, wenn die Natur im frischen Grün erstrahlt oder im Herbst, wenn sich unsere Mischwaldhänge, von hellem Gelb bis zum dunklen Rotbraun, unterbrochen vom Grün der Kiefern und der Fichten, zeigen. Auf der Albhochfläche leuchten dann aus den Hecken die purpurroten Pfaffenhüttchen und die orangefarbigen Hagebutten zwischen der verschiedenfarbigen Blätterpracht, die noch stellenweise von der wolligen Waldrebe überwuchert wird. Es geht hinaus zur Felskanzel „Glatzenstein", auf schönem Waldweg entlang der westlichen Albkante zum „Großen Hansgörgl" und auf aussichtreichem Höhenweg zurück zum Seeanger.

Wir folgen kurz der Straße in Richtung Weißenbach und gehen dann mit dem Feldweg scharf rechts, im spitzen Winkel von der Straße weg. Rechts einige Eichen im Sumpfgebiet und ein versteckter Weiher, weswegen der Hutanger hier auf der Hochfläche auch „Seeanger" genannt wird.

Diese große Oase hier oben auf der sonst sehr kargen Jurahöhe diente früher den Rindern, die auf dem Eichanger weideten, als Tränke. Heute bietet sie Lebensraum für viele Wasser liebende Kleintiere. Mir wurde erzählt, dass ein Landwirt, der nachts auf dem Heimweg nach Oberkrumbach, hier vom Weg abkam, mitsamt seinem Gespann im „See" versunken sein soll.

Mit dem Feldweg geht es links vom Weiher weg durch die Felder, mit Blick auf den Fernsprech-Turm bei Spieß und (weiter rechts) die Burg Hohenstein. Es ist ein wunderschönes Bild, wie die bewaldeten Berge hier kulissenartig hintereinander und untereinander stehen.

Der Turm bei Spieß wurde im Jahr 1969 errichtet, um drahtlose Telefongespräche über das Gebiet der damaligen DDR nach Westberlin zu ermöglichen. Er steht 620 m ü. NN auf der Hohen Reuth, ist 94 m hoch und mit dem Aufsatz 135 m hoch.

Am Waldeck kommt von links der mit einem Reiterlein im Grünen Ring markierte „Archäologische Wanderweg" und mit diesem Zeichen geht es jetzt geradeaus abwärts. Unten zeigt der Wegweiser links in den Wald, hier geht es dann zum Glatzenstein.
Zunächst aber folgen wir dem Reiterlein rechts zum Gräberfeld im Weidenschlag das wir nach ca. 300 Meter links im Wald finden.

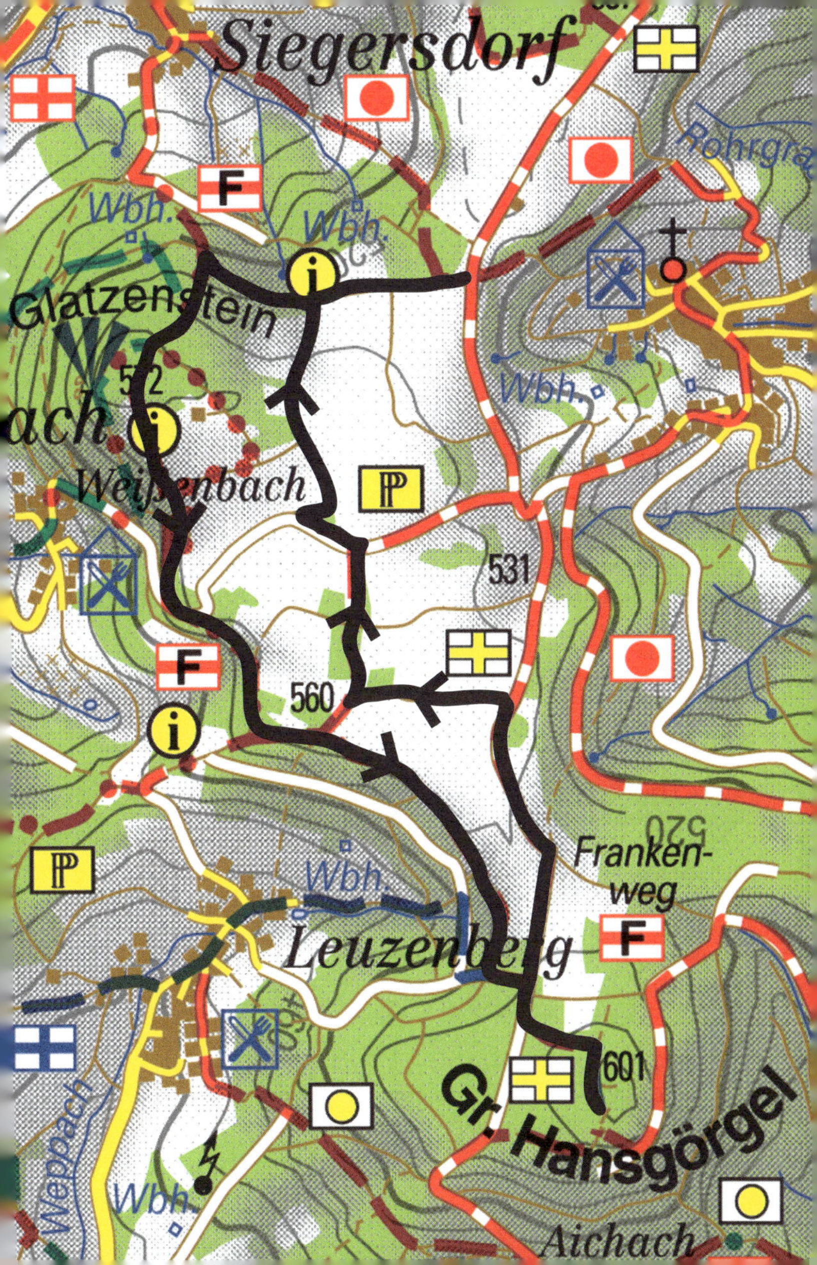
Siegersdorf
Rohrgra
Wbh.
Wbh.
Glatzenstein
572
Wbh.
ach
Weißenbach
531
560
Franken-
weg
Wbh.
Leuzenberg
601
Gr. Hansgörgel
Weppach
Wbh.
Aichach

Dieser frühgeschichtliche Friedhof stammt aus der Zeit zwischen 1500 und 1200 vor Christ Geburt und ist somit 3500 Jahre alt. Die beiden rechten Gräber sind allerdings 500 Jahre jünger, sie wurden in der „Eisenzeit“ angelegt. Bei den Grabbeigaben, die hier gefunden wurden, waren neben Gefäßscherben auch Fingerringe aus Bronze, ein Armband und ein Eisenmesser. Das eine Schale tragende Ton-Pferdchen wurde in der benachbarten Beckerslohe gefunden.

Rotpunkt führt von hier hinunter nach Siegersdorf, wir gehen wieder zum Waldrand und rechts die 300 Meter zurück bis zu der bekannten Abzweigung. Jetzt geht es in den schönen Buchenhochwald, rechts der Steilabfall. Nach ca. 300 Meter kommen mehrere Markierungen und mit allen Zeichen steigen wir links durch das Niederholz steil hoch. Nach dem vorgeschichtlichen Kalkofen, über den eine Schautafel mehr verrät, trennen sich die Markierungen. Grünpunkt führt rechts durch die Felsengasse, die anderen Zeichen verlaufen oberhalb. An der Infotafel vor dem Glatzenstein kommen alle Wege wieder zusammen.
Der schmale abschüssige Weg zur Höhle und zur Aussichtskanzel ist nicht ganz ungefährlich, erfordert unbedingt Trittfestigkeit und sollte bei Nässe nicht begangen werden. Kinder bitte an der Hand nehmen!

In der ca. 17 qm großen Höhle, durch die wir kriechen können, wurde auch ein für unsere Gegend einmaliger Tonlöffel gefunden. Hier sollen schon vor 2500 Jahren Menschen gehaust haben. Wo haben wohl die vor 3500 Jahren im Weidenschlag begrabenen Menschen gelebt? Sicher ist nur, dass schon im 8. und 9. Jahrhundert ein alter Verbindungsweg von Hersbruck nach Forchheim nahe dem Weiden-schlag vorbei über die Hochfläche führte. Von der mit Geländer gesicherten Aussichtskanzel können wir über das sanfthügelige, der Alb vorgelagerte Gebiet mit seinen in die Landschaft gestreuten großen und kleinen Dörfern schauen. Gegenüber steht die ehemalige bayerische Festung auf dem Rothenberg, die wir bei der Wanderung 14 anschauen können.

Vom Glatzenstein bis zum Großen Hansgörgl führt jetzt der mit Rotstrich markierte Frankenweg.

Er kommt vom Rennsteig im Thüringer Wald über den Frankenwald und die Fränkische Schweiz, führt hier durch die Frankenalb am westlichen Albrand entlang bis Donauwörth und ist 520 km lang.

Vom Fels aus geht es zurück zur Schau-Tafel und dort mit Rotstrich rechts in Richtung Hersbruck in den Jungwald. Es folgt erholsames stilles Wandern durch herrliche Buchenwälder mit einigen Felsen ohne merkliche Richtungsänderung fast parallel zum Waldrand. Bald kommt links von den Feldern das Reiterlein wieder, dann kreuzt die von Weißenbach kommende Straße und bald wird eine Ackerflur gestreift. Im Wald geht es um einen Felsberg und bald darauf kommt ein mit PP auf Gelb (Siehe Wanderung 4) markierter Fahrweg von Leuzenberg herauf.
Hier verlässt uns das Reiterlein und wir folgen kurz dem Fahrweg aufwärts bis zur Gabelung, wo wir auch das PP wieder verlassen das direkt zum Seeanger führt. (Abkürzungsmöglichkeit) und gehen rechts eben weiter. Es geht kurz noch auf dem geschotterten Fahrweg, dann auf schönem Waldweg etwas abwärts um den großen Felsblock. Dann folgen wir an der Wiese dem Waldrand und kommen in ein Waldstück mit riesiger Grube.

Das war mal ein Steinbruch, vermutlich haben die Leute aus Leuzenberg hier ihre Steine zum Hausbau geholt, als es noch keine Ziegelbrennereien gab.

Hier kommt das blaue Kreuz rechts von Leuzenberg und mit beiden Zeichen gehen wir links aufwärts, den alten Steinbruch zur Linken. Am nächsten Querweg kommt Gelbkreuz von Reichenschwand. Die Stelle hier müssen wir uns merken, hier geht es auf dem Rückweg links zum Wald hinaus.
Zunächst aber folgen wir allen Zeichen rechts und dann links in Windungen – jetzt wissen wir, dass Wandern von winden kommt – durchs Unterholz hinauf zum Felsgipfel des Großen Hansgörgl (601 m ü. NN).

Die Aussicht ist leider stark verwachsen, früher konnte man von hier bis zum Hesselberg bei Wassertrüdingen, zur Wülzburg bei Weißenburg und zu den Höhen des Steigerwaldes, vor Würzburg schauen. Von einem 1877 errichteten Aussichts-Pavillon ist nur noch der Stumpf eines Eisenträgers im Fels zu sehen.
Immer wieder wollen Leute wissen, warum der Berg Hansgörgl heißt. Zwischen dem großen und kleinen Hansgörgl entspringt der Rangenbach und beide Berge hießen früher Rangengugl. In dem 1885 erschienen „Führer durch Hersbruck und Umgebung" steht, dass der frühere Besitzer des Reichenschwander Schlosses, Hansgörg von Furtenbach, unter den Leuten sehr beliebt war und da ihm der größte Teil des Waldes am Rangengugl gehörte, haben sie dem Berg seinen Vornamen gegeben. Mehr darüber steht in dem Buch „Hersbruck, 1000 Begriffe".

Jetzt müssen wir wieder mit allen Zeichen auf dem bekannten Pfad durch das Unterholz absteigen und zurück zur Weggabel am alten Steinbruch. Dort verlassen wir Blaukreuz und die roten Zeichen und gehen mit dem gelben Kreuz auf das Waldende zu, links der alte Steinbruch.
Dann geht es durch die Felder, bei den Wegweisern links

in Richtung „Schlossberg“ an einigen Buschgruppen vorbei leicht aufwärts. Oben auf der Geländewelle geht es noch abwärts bis die Teerdecke beginnt. Dort gehen wir **ohne Zeichen** links auf die Feldscheune zu, mit schöner Aussicht rechts bis zum Spieser Fernsprechturm.
Dann geht es an einer Baumbuschgruppe entlang, diese Buschgruppen schützen die Felder vor zu starkem Wind, spenden Schatten, halten die Feuchtigkeit etwas und bieten manchen Klein- und Kriechtieren Lebensraum und den Vögeln Nistplätze. PP
Am Querweg kommt der PP-Weg, den wir vorhin gekreuzt haben, entgegen und mit diesem Zeichen geht es jetzt rechts etwas abwärts, am großen Eichanger und einem Waldstreifen entlang bis zur Straße Weißenbach-Oberkrumbach.

Auf dem Weg zum Vogelfels

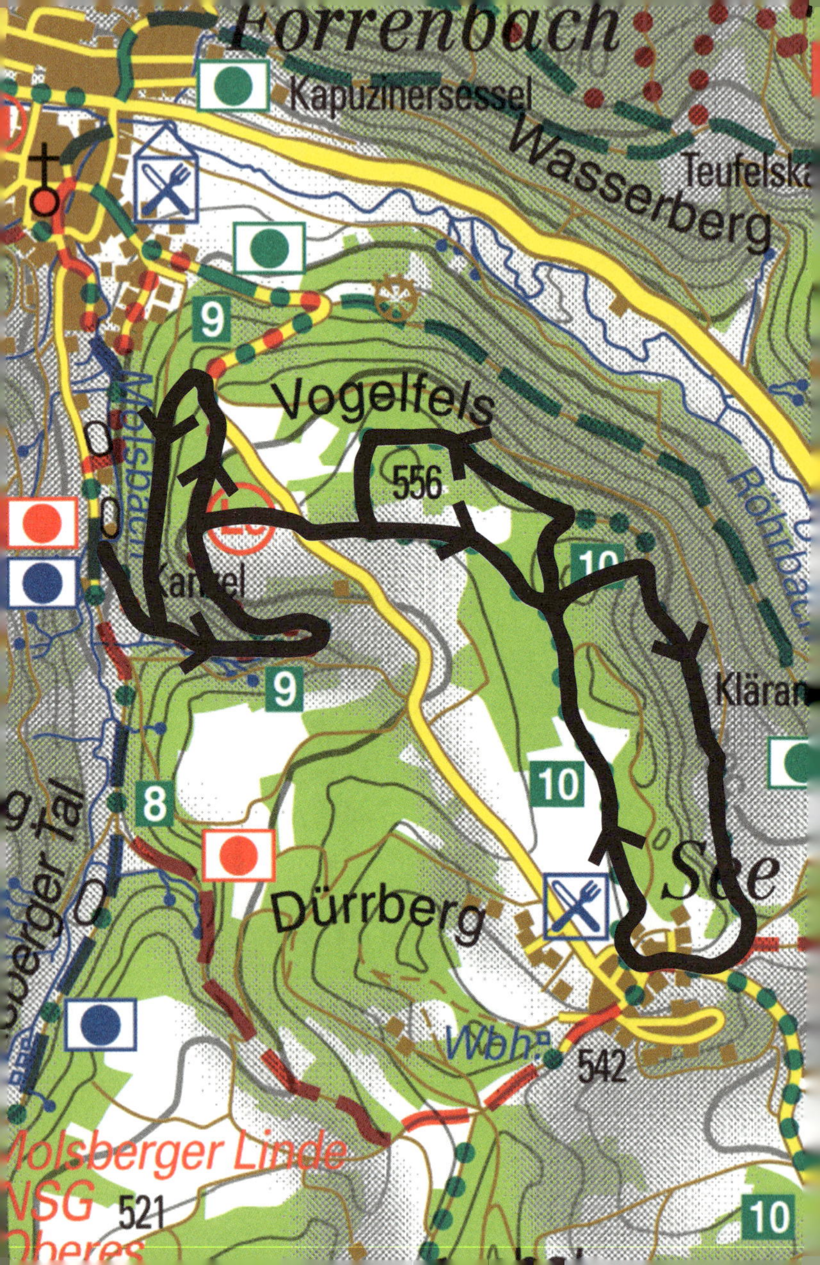

Forrenbach
Kapuzinersessel
Wasserberg
Teufelska
9
Vogelfels
556
10
9
8
10
Dürrberg
See
Wbh.
542
Molsberger Linde
NSG
521

3 Über die Kanzel zum Vogelfels

Start: an Förrenbacher Kirche - **Weglänge:** ca. 9 km - **Einkehren:** in See (nur So) und Förrenbach (Mo-Ruh)- **Bahnlinie:** S 1 Nürnberg-Hartmannshof - **Buslinie:** 321 Hersbruck - Alfeld – **Anfahrt:** B 14 Ausfahrt Happurg-Lauterhofen, Richtung Lauterhofen – **Parken:** nahe der Kirche oder beim Sportplatz im Molsberger Tal.

Diese Wanderung verläuft meist auf romantischen Waldwegen, aber der Aufstieg ist etwas schwierig. Die Strecke, die kurz auch einem Naturlehrpfad folgt, ist nur spärlich, stellenweise gar nicht markiert.

Förrenbach *wurde erstmals 1011 in einer Urkunde erwähnt. Die1839/49 im klassizistischem Stil (für unsere Gegend einzigartig) neu errichtete Kirche steht im sumpfigen Boden auf Eichenstämmen, die senkrecht und waagrecht als Fundament dienen. Der Leuchter im Kirchenraum wurde im Jahr 1847 von dem Müller Johann Leonhard Reif und seiner Frau Barbara gestiftet. Nicht so alt ist das aus einem Stamm in Form eines Rebstocks geschnitzte Pult.*

An der Kirche biegen wir in die Molsberger Straße, gehen mit Rot- und Blaupunkt am ausgebauten Bach entlang und bei der Straßengabel links (Wegweiser „Fußweg zum Sportplatz, See und Molsberg"). Am Ende der Straße müssen wir zwischen Zaun und Garagen zur Wiese und dem Wiesenpfad zum linken Sportplatzeck folgen. Dann geht es zwischen dem munteren Bächlein und dem Sportplatz weiter. Vor dem zweiten Sportplatz gehen wir rechts und folgen dann dem Fahrweg links zum Parkplatz am Sportheim.

Dort verlassen wir die Markierungen, gehen links zum Sportheim und **ohne Zeichen** in Richtung See rechts am Wald entlang aufwärts. Es ist der alte Schulweg, auf dem früher die Schulkinder aus See nach Förrenbach laufen mussten. Wasserplätschern kommt näher, am unteren Ende der „Gaiskammerschlucht" springt und kollert das Quellwasser über moosbewachsene Stufen.

Dann wird es steiler, durch die Engstelle kommen wir an eine Buche mit dem Wegweiser „Naturlehrpfad". Hier kommt der mit Ziffer 9 markierte Weg von Links, hier kommen wir dann zurück. Zunächst aber geht es am Rand der immer tiefer werdenden Schlucht weiter steil aufwärts.

Bitte vorsichtig! Die Kinder sollten möglichst weit links gehen, rechts gähnt der Abgrund. Bei der Rotbuche geht es etwas vom Schluchtrand weg zur Fichte und Tanne mit jeweils einer Tafel und dann wieder an den Schluchtrand.

Kurz bevor die Schlucht endet, steigen wir bei der Tafel „Gaiskammer" mit der Ziffer 9 links steil hoch zur Wiese mit Blick zur Straße Förrenbach-See und gehen gleich wieder links in den Wald. Es ist nicht mehr so steil, aber jetzt haben wir links den Steilabfall. Der Weg führt bald etwas rechts herum aufwärts, links der wildzerklüftete felsenreiche Wald.

An der großen Lichtung steht eine altersschwache Sitzgruppe neben einer Tafel, die etwas über die heimischen Vögel erzählt. Hier führt ein Trampelpfad links hinaus auf eine Felskanzel hoch über dem Molsberger Tal. Vorsicht, bitte Kinder an der Hand nehmen!

Draußen können wir über den Reichenecker Schlossberg zum Deckersberg schauen und etwas weiter rechts sehen wir Hersbruck mit dem Michelsberg vor den beiden Hansgörgln. Rechts oben, am kleinen Hansgörgl, liegt Oberkrumbach und ganz nah sehen wir die Houbirg mit dem Hohlen Fels.

Hier beginnt die Verlängerung! Zum kürzeren Weg geht es am Ende des Weidezaunes, bei den Haselnusssträuchern, geradeaus in den Wald und auf wenig begangenem Weg zu einer Wiese und am Waldrand zur Straße. Mit der Straße gehen wir dann nur ca. 100 Meter abwärts und bei der Buche mit den Ziffern 9 und 10 links in den Buchenhochwald und den ganz linken Hohlweg hinunter. Unten am Querweg, vor dem Steilabfall, sind wir wieder auf dem Naturlehrpfad und folgen ihm links. Am Fichtenwald sehen wir noch Reste einer Vogelfutterstelle und dann links oben die Felsen der Kanzel.
Dann geht es kurz abwärts, wieder aufwärts und an der Wegteilung rechts abwärts. Wir kommen an die vom Herweg bekannte Schlucht und wandern auf bekanntem Weg am Wasserfall vorbei hinunter zum Parkplatz.
Mit kleineren Kindern kann man dem Molsberger Tal noch etwas links folgen, dann führt ein Weg zu einer Birke, an der Miniaturhäuser mit einem Wasserrad stehen.

Verlängerung

Zur zweiten Etappe geht es von der Kanzel aus ohne Markierungszeichen, am Eck des Weidezaunes, bei den Haselnusssträuchern rechts zwischen Wald (links) und Weidezaun (rechts) auf grasigem Weg leicht aufwärts. Oben folgen wir der Straße Förrenbach-See nur ganz kurz rechts bis zur Baumbuschgruppe mit dem alten Wegweiser.

10 Jetzt führt bis See die 10 auf Grün, nur die Markierung ist stellenweise nicht zu finden. Es geht links ab zum Wald und bei der Wegteilung nicht links in den Wald, sondern geradeaus auf dem Feldweg ca. 200 Meter durch freie Flur. Dabei können wir rechts nach See und über die bewaldeten Höhen bis zu den Windrädern bei Waller und Traunfeld schauen.

Im nächsten Wald gut aufpassen! Wir müssen gleich links zu der Fichte mit den drei alten Wegweisern und dann Pfadfinder spielen!

Wir kreuzen hier den mit 10 markierten Weg, der links *zum Vogelfels und rechts nach See führt (so geht es dann zurück).*

Wir bleiben am Waldrand und gehen auf dem Wiesenstreifen (links Acker, rechts Wald) geradeaus aufwärts und dann durch die Sträucher in den Wald, wo wir auch die Ziffer 10 wieder finden.

Der nur wenig begangene kaum sichtbare Waldpfad führt jetzt fast geradeaus oberhalb einer kleinen Geländestufe entlang. Nach ca. 200 Meter kommt von rechts oben ein Waldweg und dem folgen wir leicht abwärts, rechts um die Anhöhe herum. Bald kommen wir an einer kleinen Waldwiese vorbei und abwärts zu einer großen Ackerflur. Der Wald endet und wir folgen dem Fahrweg rechts an der Ackerflur entlang wieder leicht aufwärts.

Dann geht es kurz durch Wald und oben auf der Höhe, nach der Funkantenne neben dem abgewirtschafteten Wohnwagen, kommt Rotpunkt von Thalheim. Mit diesem Zeichen geht es jetzt rechts zur Straße und ins nahe Dorf.

See *liegt auf der Albhöhe in einer leichten Mulde, umgeben von Obstbäumen und bewaldeten Höhen. Der kleine Teich in der Ortsmitte war, als es hier oben noch keine Wasserleitung gab, wichtigster Wasserspender für das Vieh. Durch ihn hat der Ort wahrscheinlich auch den Namen.*

An der großen Eiche verlassen wir wieder den roten Punkt und gehen geradeaus am Dorfweiher entlang, am Gasthaus etwas links und dann rechts zum Ortsende. Draußen müssen wir gleich rechts, mit der Ziffer 10 dem 10 geteerten Weg aufwärts folgen. Oben, bei der Wegteilung, geht es links auf dem Feldweg unterhalb des Waldes weiter.

Am Ende der Ackerflur folgen wir dem mittleren breiten Weg in den Mischwald und nehmen im Wald, nach ca. 120 Schritten, den ganz linken leicht abwärts führenden Weg. Wir kommen bald an einem Felsberg mit einer kleinen Höhle vorbei, in die Kinder mit Taschenlampe auch kurz hineinkriechen können. Danach geht es leicht aufwärts und schon sind wir an der vom Herweg bekannten Wegkreuzung.

Jetzt geht es auf ebenem Weg geradeaus (Ww Vogelfels) durch die Äcker auf die Tannen mit dem Jägerstand zu und dort gleich links hinter den Hecken wieder in den Wald. Beiderseits sehen wir hier bewachsene Steinhaufen, das sind „Lesesteinhaufen". Früher haben die Bauern, manche machen es auch heute noch, die Steine auf den Äckern gesammelt und dann hier abgelegt. Inzwischen weiß man aber, dass die Steine im Sommer die Erde auch länger feucht halten und die Wärme speichern.

Dem nächsten Acker weichen wir etwas nach rechts aus und dann geht es unterhalb des Vogelfelsens vorbei. Rechts oben steht die 1924 errichtete und 1934 erweiterte Vereins-Hütte der „Wendelsteiner", einer Gruppe des Fränkischen Albvereins, dem wir unsere Wegemarkierungen verdanken.

Der Fahrweg führt uns bald links aus dem Wald heraus und rechts zur Straße. Jetzt geht es auf bekanntem Weg zurück zum Lehrpfad vor der Kanzel und dort auf beschriebenem Weg mit 9 rechts.

Kläranlage
Lehenberg
503
Flurberg
557
Oed
LSG
484
Ernhüll
(535)
Breitenthal
460
Weigendorf
487
Hellberg
467
Alter Fritz
Paul-Pfinzing-Weg
Haunritz
478
PW
Eckenbühl
506
536
Guntersrieth
Lichten
578
Lanzenberg
Archäologischer Rundweg
Waizenfeld
585
Kronberg
599
Dandelsberg
607
Türken

4 Beiderseits des Högenbaches

Start: Bahnhof Hartmannshof - **Weglänge:** 5 - 9 km – **Bahnlinie:** S 1 Nbg. – Hersbruck – Hartmannshof – **Parken:** Bahnhofstraße - **Einkehren:** in Haunritz (Die-Ruh) und Hartmannshof.

Diese Wanderung ist im Frühjahr besonders interessant. Neben vielen seltenen heimischen Blumen und sich hurtig tummelnden Forellen kommen wir auch an lustig dreinschauenden Alpakas vorbei.

Vom Bahnhof geht es zunächst über den Högenbach und geradeaus zur Hauptstraße. An der Fußgängerampel wird die Straße gekreuzt und wir gehen mit Rotkreuz und Grünpunkt den Haunritzer Weg links herum aufwärts. Später folgen wir dem Fußweg, oberhalb der „Knorr-von-Rosenroth-Schule" und dann am Waldhang entlang leicht abwärts.
Unten verlassen wir die Markierungen, überqueren den Högenbach und den Mühlbach, der in der alten „Fallmühle" noch über eine kleine Turbine Strom für den Eigenbedarf erzeugt. Dann kreuzen wir vorsichtig die Straße und gehen auf dem Gehsteig rechts.
Knapp 100 m vor der Ortstafel „Heilbronntal" geht es mit Ziffer 2 auf grünem Grund links herum aufwärts, an 2

der schön gewachsenen Fichte vorbei. „Rentnerwegerl“ nennen die Einheimischen diesen schräg zum Hang aufwärts führenden Wanderweg.
Dabei kommen wir an den verschiedensten seltenen Blumen vorbei.
Oben, in der Spitzkehre, kommt der mit rotem Löwen markierte Weg von Weigendorf her und mit beiden Zeichen gehen wir jetzt rechts um die Fichte und weiter aufwärts.

Der mit dem roten böhmischen Löwen gekennzeichnete „Goldene-Straße-Weg“ folgt in etwa dem unter „Goldene Straße“ bekannten alten Handelsweg zwischen Prag und Nürnberg. Er verläuft durch die Hersbrucker Schweiz auf schönen Wanderwegen von Sulzbach kommend durchs Högenbachtal über Hersbruck nördlich der Pegnitz nach Lauf.

Zwei Ruhebänke stehen am Weg, von dort können wir tief unten im Tal unseren Rückweg sehen. Wenig später, im Sträucherwald, geht es kurz links herum aufwärts und dann an der Heckenreihe entlang in die Felder. Mit schöner Aussicht auf die bewaldeten Höhen mit der markanten Burgruine Lichtenegg kommen wir an einen Fahrweg.
(Wer jetzt die kürzere 5 km lange Strecke wählt, folgt hier dem roten Löwen rechts hinunter nach Haunritz. Dort geht es dann über die Bogenbrücke und an der halbverfallenen Mühle mit Grünpunkt nach rechts.)
Wer den weiteren Weg nehmen will, folgt jetzt dem quer verlaufenden Fahrweg mit Blauring, Ziffer 1 u. 2 links aufwärts über die Geländewelle. Dann geht es auf geteertem Weg kurz abwärts mit Blick auf die hoch liegende Weigendorfer Siedlung „Brententhal“. Weiter rechts oben spitzt ein Hausdach von Ernhüll aus dem Wald.
Beim Wegweiser Högen gehen wir mit Ziffer 1 auf Grün
1 rechts ab, auf grasigem Weg am Wald entlang. Im Laub-

wald geht es noch kurz geradeaus und bei der Weggabel rechts, im dichten Fichtenwald leicht aufwärts. Am Ende des Hochwaldes führt ein grasiger Pfad an Hecken vorbei in die Felder und mit einigen Kurven zum Weiler Hellberg.
Hier wandern wir an den stattlichen Bauernhäusern und Stallungen vorbei und dann mit der Straße links.
(Grünpunkt führt rechts in die Sträucher und am Kletterfelsen „Alter Fritz" vorbei steil abwärts nach Haunritz).
Wir müssen jetzt der geteerten Straße an den Sportplätzen vorbei folgen. An der Querstraße, die abwärts nach Högen führt, müssen wir aufpassen!
Hier geht es mit der von links kommenden Blaupunktmarkierung an der Bank rechts ab hinunter nach Unterhögen. Dort kommt der „Goldene Straße Weg" von Sulzbach und dem folgen wir rechts bis Haunritz. Hinter der Mühle, mit dem noch intakten Mühlrad, geht es über die Straße und Högenbachbrücke, vor der Scheune scharf rechts (Wegweiser Haunritz) in die Talwiesen und nach ca. 200 m links am Acker aufwärts zum Wald.
Nach dem schönen Blick zum Felsen „Alter Fritz", der über Hauritz aus dem Waldhang ragt, geht es bei der Bank rechts in den Wald. Die Markierung führt bald wieder aus dem Wald heraus und neben einer kleinen Schlucht abwärts auf das Wohnhaus zu.
Vor dem eingezäunten Grundstück geht es dann links im Graben hinunter zur Pferdekoppel und links am schönen Buchenwald entlang.
Wir kommen wieder näher zum Bach, steigen vor dem Mühlenwehr links den Fahrweg hoch und kommen am Freigehege der Alpakas vorbei nach Haunritz.
Bei der alten Mühle, die dem Verfall überlassen ist, verlassen wir wieder den roten Löwen und gehen vor der Bogenbrücke mit Grünpunkt links am Spielplatz vorbei. Rechts von uns der träge fließende Mühlbach in dem sich die Forellen hurtig tummeln. Kurz nachdem

sich beide Bäche wieder vereinigt haben, geht es in den ersten Torbogen des ehem. Haunritzer Schlosses.

Der dreiflügelige Bau mit den zwei Tordurchgängen gehörte der Nürnberger Patrizierfamilie Tetzel, die hier schon 1317 ein durch ein Wasserrad angetriebenes Hammerwerk hatte. 1688 erwarb der fürstliche Hofrat und Kanzler zu Sulzbach, Christian Knorr von Rosenroth, dieses Anwesen. Er war auch Verfasser juristischer und astronomischer Schriften sowie geistlicher Lieder. Sein bekanntestes ist „Morgenglanz der Ewigkeit". Die Hartmannshofer Schule trägt seinen Namen. An der Westseite finden wir noch Spuren der Aufschrift der ehem. Brauerei „Jura Gold".

Nach dem Schloss kreuzen wir den Lohweg schräg nach links. Rotkreuz und Paul-Pfinzing-Weg kommen von Lichtenegg dazu und mit allen Zeichen geht es auf grasigem Weg geradeaus bald am Waldrand entlang.

Paul-Pfinzing war Nürnberger Landvermesser und Karthograph, er schuf 1594 den sog. Pfinzing-Atlas mit Karten des Nürnberger Territoriums und 1596 eine genaue Karte des Pflegamtes Hersbruck. Der mit PP auf Gelb markierte, nach ihm benannte Weg folgt in etwa der 95 km langen ehemaligen Hersbrucker Pflegamtsgrenze.

Der Bach ist jetzt etwas weiter weg, aber wir können hier in den Teichen rechts unten die Forellen beobachten. Nach dem alten Keller geht es zwischen Fichtenzeile und Hangwald, mit schönen alten Buchen, weiter.
Dann kommt Wasserrauschen näher und am Waldrand sehen wir die Ruine eines Wasserbeckens und eine langen Mauer oberhalb des heutigen Bachbettes, die bis zur Quelle geht. Es sind Reste eines raffiniert ausgeklügelten Wassertransportwerkes.

Früher hat hier das umgeleitete Quellwasser ein kleines Wasserrad bewegt. Dieses hat ein Förderband angetrieben, das mit Schöpflöffeln aus dem kleinen angelegten Teich Wasser schöpfte. Das Wasser wurde dann den Berg hoch transportiert, um oben auf der kargen Jurahöhe die Felder zu bewässern.

Wenig später sind wir an der stark schüttenden Quelle, die hier direkt unten aus dem Berg heraus kommt. Jetzt folgen wir mit allen Zeichen dem von Guntersrieth kommenden Fahrweg rechts um den eingezäunten Weiher. Dann kommen wir an der Hartmannshofer Wasseraufbereitungsanlage vorbei, wo wir das Wichtigste über diese Einrichtung an der angebrachten Tafel ablesen können. An der Brücke vor der Fallmühle geht es auf bekanntem Weg links aufwärts und weiter bis zum Bahnhof.

Der Frauenschuh, Königin der heimischen wildwachsenden Orchideen

Wasserfall nahe der Griesmühle

Auf Erkundungstour

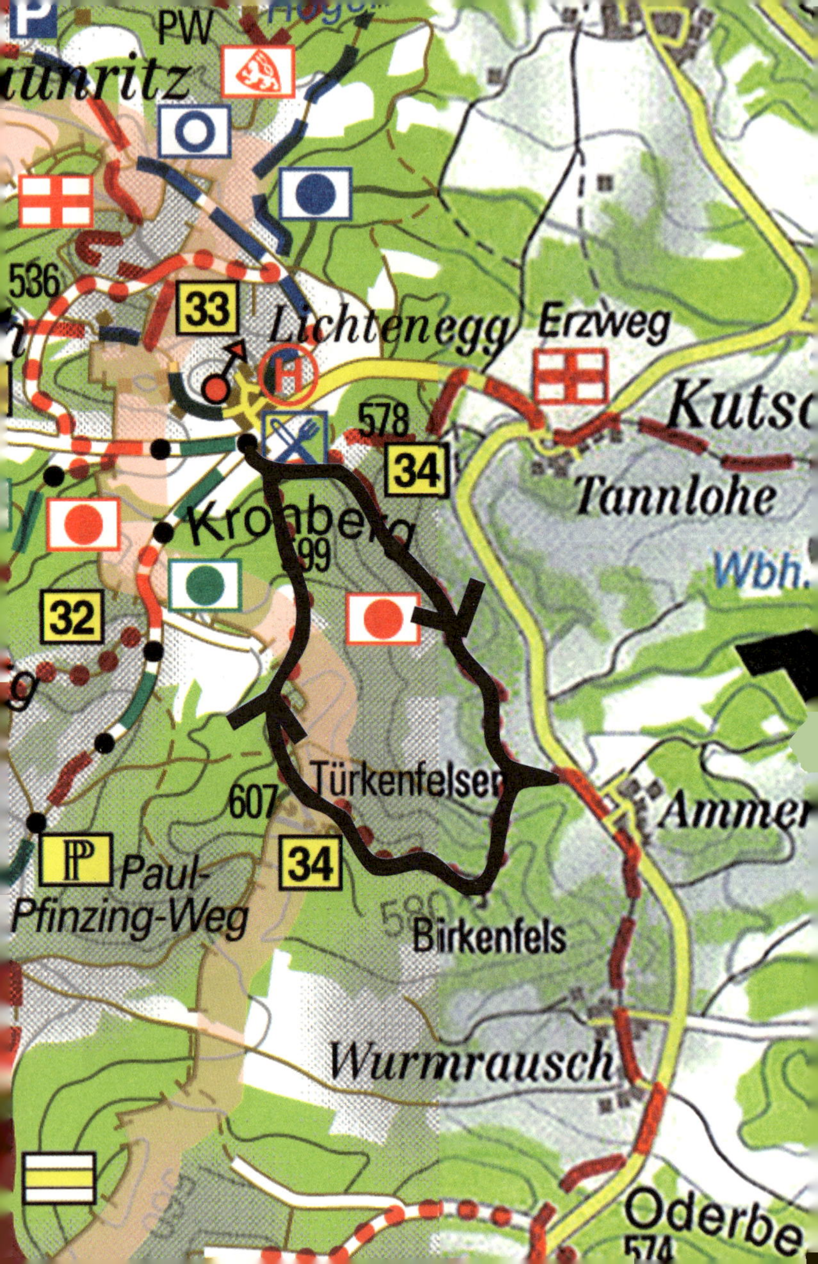

PW
unritz
536
33
Lichtenegg
Erzweg
Kutsc
578
34
Tannlohe
Kronberg
599
Wbh.
32
Türkenfelsen
607
Ammer
34
Paul-
Pfinzing-Weg
580
Birkenfels
Wurmrausch
Oderbe
574

5 Zur Burgruine Lichtenegg und „Hänsel“ und „Gretel“

Starten und parken: an der Scheune vor Lichtenegg – **Weglänge:** ca. 4 km – **Einkehrmöglichkeit:** in Lichtenegg (Mo-Ruh, ausser Feiertag) – **Anfahrt:** B 14 bis Weigendorf, dann nach Högen und dort rechts abbiegen - **Markierung:** Ziffer 34 auf Gelb.

Diese kurze, aber sehr abwechslungsreiche Wanderung mit einigen mittelschweren Steigungen und Abstiegen führt zu interessanten Felsformationen. Wegen der Rutschgefahr ist sie bei Nässe nicht zu empfehlen. Auf einem Teilstück blühen im Mai und Juni besonders viele schöne Orchideen, deshalb ist es wichtig, dass zu jeder Jahreszeit auch die Kinder die Wege nicht verlassen.

Wir gehen mit dem roten Punkt und der 34 auf gelbem Grund rechts an der Scheune vorbei zum nahen Wald. Dort aber nicht geradeaus in den Wald, sondern zunächst links zwischen Acker und Wald. Im Wald geht es bald abwärts und rechts durch eine Wiesenspitze. Danach folgen wir dem neu angelegten fast ebenen Waldweg geradeaus und bleiben bei der nächsten Weggabel

unten.
Später wandern wir auf einem Waldpfad an schönen Felspartien vorbei über einen Bergsattel und links herum abwärts. Der Fahrweg wird dann schräg gekreuzt. Vor der alten Buche geht es kurz eben, dann wieder abwärts und mit dem Fahrweg geradeaus am Acker entlang zur Straße. Mit der Straße müssen wir aufwärts durch den Weiler Ammerried gehen.
Etwa 80 Meter nach dem Ortsschild folgen wir rechts dem mit Lochsteinen gepflasterten Weg aufwärts zum Wald und gehen im Wald auf laubbedecktem Pfad weiter bis zur Trockengraswiese oberhalb des Dorfes Wurmrausch.
Hier müssen wir gut aufpassen! Wir verlassen jetzt den roten Punkt, der links abbiegt, und steigen mit der 34 und dem Wegweiser „Lichtenegg über Türkenfels" rechts extrem steil hoch. Rutschgefahr!
Bitte die nächsten tausend Meter unbedingt auf dem markierten Weg bleiben! Hier wachsen sehr seltene Orchideen und andere Blumen, außerdem fällt das Gelände stellenweise senkrecht ab.

Der Frauenschuh ist die Königin unserer wild wachsenden heimischen Orchideen. Schon allein wegen der Größe ihrer Blüten und deren eigenartiger Form fällt sie auf. Auch die Fliegen-Orchis oder Fliegen-Ragwurz wächst hier, sie sieht aus wie eine Fliege, die auf dem Halm sitzt. Außerdem wachsen hier noch das purpurrote Katzenpfötchen und die weiße Waldanemone. Alle sind streng geschützt und Pflücken oder gar Ausgraben wird schwer bestraft!

Es geht auf einem Felsenkamm links zum „Birkenfels", einer imposanten Felsgruppe, und auf schönem Waldweg kurz auf und ab. Dann kommen wir im Linksbogen zum „Türkenfels", einer mächtigen Felswand die mit dem

großen Tor und einigen kleinen Spalthöhlen fast einer alten Festungsmauer gleicht. Gut aufpassen, hinter dem Tor gähnt der Abgrund!
Dann geht es auf dem Felskamm weiter, bald rechts an einem Felsberg vorbei und links steil abwärts und aufwärts. Im Kiefernwald kommen wir an zwei einzeln stehenden Felsen vorbei, die wie riesige Köpfe mit kurzem Hals aussehen. Wegen ihrer Ähnlichkeit werden sie „Die Geschwister“ oder auch „Hänsel und Gretel“ genannt. Vielleicht haben die sich auch hier im tiefen Wald mal verlaufen und sind dann zu Stein geworden?
Am nächsten Kalkstein-Riff, dem „Hohen Fels“, gehen wir rechts vorbei und links steil abwärts durch den Fichtenwald. Dann kommt noch ein Felsberg, da bleiben wir kurz am Acker und gehen dann rechts aufwärts. Oben auf dem Bergkamm kreuzen wir den Querweg, steigen geradeaus steil ab und stchen am Waldrand vor Lichtenegg.
Jetzt sollten wir noch die Zeit haben, um die Burgruine Lichtenegg zu besteigen. Dazu geht es geradeaus durch das Dorf und hinter der Wirtschaft links in den Biergarten und von dort führt rechts ein gesicherter Steig hoch.

Heimatfreunde haben sich im „Födererverein Burgruine Lichtenegg e.V.“ zusammengeschlossen und unterstützen die Gemeinde Birgland bei der Sanierung dieses vom Einsturz bedrohten Kulturgutes. Deutlich können wir die Größe dieser einst den Sulzbacher Grafen gehörenden Burganlage erkennen. Der mühevolle Aufstieg wird mit einem einzigartigen Panoramablick belohnt. Neben den bekannten Waldbergen der Frankenalb und des Oberpfälzer Jura können wir im Osten die Gipfel des Oberpfälzer Waldes, im Nordosten den Steinwald und hinter dem Rauhen Kulm, einem erkalteten Lavaberg, sogar das Fichtelgebirge sehen. Unten ganz nahe ragt der Kletterfels „Alter Fritz“ bei Haunritz aus dem Wald.

Es wird erzählt, dass auf den Burgen Lichtenegg und Lichtenstein (bei Pommelsbrunn) in früherer Zeit Raubritter gehaust hätten. Die sollen gemeinsam die Kaufmannszüge auf der alten Handelsstraße zwischen Prag und Nürnberg überfallen haben. Tatsächlich hatten diese Burgen Blickkontakt und konnten sich dadurch Zeichen geben, wenn sich ein Trupp näherte. Den konnten sie dann auf der Strecke zwischen Pommelsbrunn und Hartmannshof einkesseln.

Die Felsen „Hänsel und Gretel" bei Lichtenegg

6 Durch das Ankatal zur Griesmühle

Start: Bahnhof Rupprechtstegen – **Weglänge:** 8 km – Einkehren: im Rastwaggon Rupprechtstegen (Mo/Die Ruh) – **Bahnlinie:** R 3 Nürnberg-Neuhaus – **Anfahrt:** B 14 bis Hohenstadt, dann Richtung Neuhaus – **Parken:** am nördlichen Ortsende.

Durch ein wildzerklüftetes Trockental mit phantastischen Felsgebilden und einer großen Hallenhöhle führt der Weg ganz allmählich auf die Albhöhe. Nach kurzer Waldwanderung geht es dann wieder abwärts zu einer verträumten Mühle. Dort vereinigen sich gleich mehrere kräftige Quellbäche, die schöne Wasserfälle bilden. Hier können die Kinder auch ein wenig mit dem Wasser planschen. Es ist ein Paradies für alle, die das Wasser lieben.

Rupprechtstegen *liegt zwischen den Bahntunnels „Platte" und „Roter Fels". Es war lange Zeit ein viel besuchter Luftkurort. Im ehemaligen Kurhotel, hoch über dem Ort, waren auch Künstler der „Bayreuther Festspiele" zu Gast. Die schon 1270 erwähnte Mühle gehörte zum Kloster Michelfeld, das liegt bei Auerbach.*

Vom Bhf. müssen wir unterhalb der Glascontainer rechts abwärts und dem Weg zwischen Pegnitz und Bahndamm folgen. Träge fließt hier die Pegnitz, das Tal ist schmal, nur Straße und Bahn haben noch Platz und selbst die Bahn verschwindet bald im Tunnel „Roter Fels". Beim Holzsteg geht es über den Fluss zum Parkplatz am Ankatal, wo die Autofahrer starten können.
Jetzt wird vorsichtig die Straße gekreuzt und dann geht es an der hoch aufragenden teils überhängenden Felswand entlang ins Ankatal. Bis Kreppling führen uns das rote Andreaskreuz und der „Heinz-Treuheit-Weg" mit dem Bergwachtzeichen.
Der Weg folgt dem trockenen Bachbett allmählich aufwärts. Beiderseits mächtige Felsberge im dunklen Hangwald und heruntergefallene bemooste Felsbrocken im Wildbachbett, die im Sommer vom Farnkraut überwuchert sind.
Nach einer Felsbarriere, bei der Wegetafel, trennen sich die Wege. Hier biegen wir links ab, steigen noch mal kurz hoch und folgen im Tannenwald auf ebenem Pfad weiter dem trockenen Bachbett, in dem mancher Felsklotz steht.
Nach knapp 200 Meter steht links ein mächtiger Fels im Wald, der fast wie ein Schiffsrumpf aussieht. Ein Pfad führt zu der großen Höhle, wo man auch etwas links durch die Öffnung nach oben klettern kann.

In dieser großen Hallenhöhle mit den zwei Öffnungen sollen sich angeblich die ersten Christen unserer Gegend zu geheimen Gottesdiensten getroffen haben. Deshalb heißt sie „Andreaskirche".

Wir müssen aber wieder unten aus der Höhle, verlassen dann den Wald, bleiben aber noch im Tal und biegen erst später mit dem Fahrweg links ab. Es geht aufwärts und dann rechts nach Raitenberg.

Münzinghof
Gerhelm
479
490
Golfplatz
Ankatal
408
Kipfental
480
441
Frauenbg.
500
Raitenberg
461
447
Rupprecht-
stegen
Rothe
Wbh.
371
514
Kreppling
509
Siglitzhof
483
484
492
Kläranlage
Grabenb
Harnbach
450
Griesmühle
Mittelberg
Enzendorf
438
Dielberg.
Wbh.
Paul-
zing-Weg
Wastelstein
Fuchsbühl
Siglitzberg
Paul-
Wall

Im Ort kreuzen wir die Straße Rupprechtstegen-Wallsdorf und gehen in Richtung Treuf aufwärts. Leider müssen wir jetzt etwa 300 Meter auf der Straße bleiben, bitte aber links gehen!
In der S-Kurve geht es durch ein Waldstück hoch und nach diesem Wald verlassen wir die Straße und gehen rechts auf schönem Waldweg stetig leicht bergauf. Hier, auf dem kalkhaltigen Boden, stehen Föhren, Wacholderstauden und Wärme liebende Steppenheideblumen, die auf dem sich schnell erwärmenden Boden gedeihen.
Dann streifen wir eine Wiese, mit Blick zur Höhlleite (Laubbaum auf dem Gipfel) und zum Langen Stein (rechts daneben). Mit etwas Glück können wir von hier sogar den Leitenberg bei Pommelsbrunn sehen.
Kurz darauf endet der Wald und es geht geradeaus durch die Felder, auf das Dorf Kreppling zu. Links das große Gehöft ist Siglitzhof. Dann gehen wir um die Baumbuschgruppe mit dem darin versteckten Felshügel, links zur Straße und nach Kreppling.

Die große Erdsenke neben dem Haus Nr. 6 ist eine sog. Doline. Solche Vertiefungen, allerdings nicht so groß, findet man oft in unserer Landschaft, sie entstanden durch Einstürze unterirdischer Hohlräume und durch das Abschwemmen des Erdreiches in unterirdische Felsspalten und Höhlen. Das Regenwasser sammelt sich in diesen Mulden, verschwindet dann in der Erde und kommt weiter unten als Karstquelle wieder heraus. Im Dorf steht auch noch eines der immer weniger werdenden Wohnstallhäuser mit dem in Blockbauweise errichteten Wohnbereich. Das waren meistens die Häuser der Hirten oder Taglöhner, da befand sich der Stall oft gleich neben der Wohnstube. Im Winter wurde die Tür zum Stall offen gelassen, damit die Wärme von den Tieren in die Stube kam.

Ab Kreppling geht es jetzt **ohne Markierung** auf dem alten Mühlenweg, den früher die Krepplinger Bauern be-

nutzten, um ihr Getreide zur Mühle zu bringen, bis zur Griesmühle.
Kurz gehen wir mit der Straße zurück in Richtung Siglitzhof. Es geht an den Busgaragen vorbei und fünfzig Meter nach der Ortstafel folgen wir dem handgeschriebenen Wegweiser, rechts in den Feldweg. Vor dem nächsten Wegweiser, nahe der doppelstämmigen Esche an der Doline, gehen wir links am Ackerrand entlang zu den Hecken und am Wald kurz rechts zu der Kiefer am Waldeck. Dort geht es links abwärts durch die Wiese, parallel mit dem Waldrand, auf die Waldlücke zu. Auf dem alten Weg geht es durch das Waldstück abwärts.
Bald kreuzen wir den nach Treuf (rechts oben) führenden Fahrweg und gehen geradeaus weiter abwärts. Nach der Waldzunge kommt ein weiterer Weg dazu und neben einem Graben, in dem viele mit Moos bewachsene Knüppel und Äste liegen, geht es weiter abwärts.
Dann queren wir das meist trockene Bachbett und den Graben zur Linken geht es weiter. Links kommt eine Wiese und vom Steilhang links drüben hören wir Wasserrauschen. Eine stark schüttende Quelle füllt den jetzt etwas weiter weg von uns verlaufenden Graben.
Am rechten Hangwald entlang geht es weiter. Bald wird das Wassergeplätscher lauter und plötzlich hüpft vor uns Quellwasser in einer selbstgebauten Rinne über Tuffsteinstufen. Hier geht es auf dem linken Weg steil abwärts und rechts herum zur Griesmühle hinunter.

Die Griesmühle, die hier am Zusammenschluss zweier lieblicher Täler steht, wird schon in einer Urkunde aus dem Jahr 976 erwähnt und wurde 1594 neu errichtet. Der schöne Fachwerkstadel und die Tafel „Einöde Griesmühle, Bezirksamt und Amtsgericht Hersbruck“ stammen noch aus der Zeit um 1900. Das Mühlengebäude ist jünger und wo sich das Mühlenrad einmal drehte, tröpfelt das Wasser nur noch über mit Moos bewachsenes Gestein.

P *Ab hier führt das PP auf Gelb, es steht für „Paul-Pfinzing-Weg". Der Mann, dessen Namen auch das Hersbrucker Gymnasium trägt, war Nürnberger Landvermesser und Kartograph. Er hat 1594 die ersten Landkarten für unsere Gegend und 1596 eine Karte des Pflegamtsgebietes (Kreises) Hersbruck gezeichnet. Der nach ihm benannte Weg folgt rund 100 Kilometer dieser ehemaligen Gebietsgrenze.*

Es murmelt, gurgelt und plätschert überall, mehrere Bäche treffen sich hier. Wir folgen jetzt dem linken Bach zur Sitzgruppe vor den Holzstegen, wo die Kinder im klaren Wasser spielen können. Hier können sie auch mal einen Steindamm bauen, nur nicht der tiefer liegenden Harnbachmühle das Wasser absperren oder total umleiten. Das heißt, nicht die vorhandenen Dämme verändern. Über den großen Steg kann man zur Bank, die vor einem mehrere Meter hohen Wasserfall steht.
Der Weiterweg führt aber über den rechten, den kleineren Steg, verläuft kurz zwischen zwei Bächen und dann geht es oberhalb des oberen Bachlaufes auf romantischem Pfad durch die Sträucher, die fast ein Dach über uns bilden. Oberhalb der Harnbachmühle müssen wir dann links hoch, über eine Wiese, von der aus wir zum Rupprechtstegener Steinbruch schauen können.
Dann geht es durch Wald abwärts zum Radweg im Pegnitztal. Die Harnbachmühle bleibt hinter uns und an einem alten Fischteich vorbei gehen wir durch die Wiesen und Felder zum Altenpflegeheim und auf geteertem Weg neben der Pegnitz bis Rupprechtstegen. Dort auf dem Gehsteig über die Pegnitzbrücke und aufwärts zum Bahnhof oder an der Pegnitz entlang zum Parkplatz am Eingang vor dem Ankatal.

7 Rund um die Burg Hohenstein

Parken und starten: in Hohenstein am Gemeindeanger-Parkplatz, am südlichen Ortsende – **Weglänge:** 4 oder 6 km – **Einkehren:** in Hohenstein – **Anfahrt:** von Altensittenbach in Richtung Hormersdorf oder von Rupprechtstegen über Raitenberg, Kreppling und Treuf.

Diese Kurzwanderung, in Form einer Acht, führt um das Wahrzeichen der Hersbrucker Schweiz an vielen Felsen und schönen Aussichtpunkten vorbei. Die Kinder können vielleicht auch Ziegen auf der Weide beobachten und einen schwarzen Bären im Wald sehen, der den Bogenschützen als Zielscheibe dient. Dazwischen oder auch zum Abschluss lockt noch der Burgbesuch.

Vom Parkplatz aus geht es steil aufwärts ins Dorf und vor dem Gasthaus „Burgstüberl“ links ab. Bei der Wegetafel an der ersten Abzweigung folgen wir links dem mit Blaupunkt markierten Johann-Konrad-Grübel-Weg leicht abwärts und wandern auf dem Fahrweg an Kirschbäumen vorbei und an der Wiese entlang zum Wald.
Dann geht es rechts in den Buchenwald, in dem sich große Felsen verstecken, und auf bequemem Weg zwischen

Kirschgärten und Sträuchern weiter. Nach einem weiteren Waldstück steht in der Weggabel eine Bank. Diese Stelle merken!
Hier führt der blaue Punkt links herum und durch Wald zu einer Bank auf einer Felskanzel auf dem 543 m hohen Hulmberg. Bis dorthin sind es 600 m, die müssen wir auch wieder zurück. Der Blick weit ins Sittenbachtal bis Kirchensittenbach ist nur im Frühjahr und im Spätherbst möglich, wenn die Bäume ohne Laub sind, ansonsten ist die Aussicht zugewachsen.

Die Bank ist vom „Grübel Stammtisch" gestiftet. Am Gasthaus „Zur Felsburg" erinnert eine Gedenktafel und im Gasthaus eine „Grübel-Ecke", an den Nürnberger Flaschnermeister und Mundartdichter Konrad Grübel, der wegen Arbeiten an den Burgdächern vom 4. Mai bis 26. Mai 1790 in Hohenstein weilte und darüber auch folgendes Gedicht geschrieben hat:
„I bin öiz goar vom houchn Stand, i bin der Häichst im ganzen Land.
Denn wenn i af mein Turm drobn stäih, nou tenna mir die Aug´n wäih.
I ko bis nei nach Böhmen schaugn und streng i recht o meine Augn,
Siech i fast bis af Würzburg nei, wous git den goudn Frankenwei".

Vom Hulmberg zurück, geht es dann bei der bekannten Bank **ohne Zeichen** links zwischen Wald und Acker weiter. Am Ende des Ackers, wo rotes Andreaskreuz und Fränkischer Gebirgsweg links von Algersdorf her kommen, geht es mit beiden Zeichen rechts am Wald aufwärts.

Das Andreaskreuz kennen wir von den Bahnübergängen her, es steht dort zur Warnung. Es ist nach dem Heiligen Andreas, dem Bruder von Petrus benannt, der musste an

533
560
Steinen-
sittenbach
Wbg.
M
D
Schw
Hohensteiner Bg.
Halbruine
Hohen-
staufenburg
Hohenst
624
520
Algersdorf
Kläranlage
543
Hulmberg
480
Ste
Sitt

so einem schrägen Kreuz den Märtyrertod erleiden. Er wird meistens mit der Bibel in der Hand und einem schrägen Kreuz davor dargestellt.

Der **Fränkische Gebirgsweg** *ist 425 km lang. Er beginnt in Untereichenstein an der thüringischen Grenze und führt durch den Frankenwald, das Fichtelgebirge, die Fränkische Schweiz und endet in Hersbruck.*

Bald ist links die Burg zu sehen und am nächsten Wald geht es auf breitem Weg links, dann rechts aufwärts. Auf der Höhe, im Wald, verlassen wir die Markierungen und gehen **ohne Zeichen** links zum Waldende und dann rechts am Wald entlang.
Der schwarzer Bär mit vielen Einschusslöchern warnt uns vor den Bogenschützen, die hier links ihren Übungsplatz haben, deshalb dürfen wir hier den Weg nicht verlassen. Wir bleiben am Waldrand, gehen weiter aufwärts bis zur der Sitzgruppe mit dem angerosteten Gockelhahn auf dem Mast daneben. Oberhalb dieser Sitzgruppe geht es links, nicht geradeaus, auf ebenem Weg am Wald unterhalb des Burgberges weiter.
Links im Wald haben die Bogenschützen ihren Parcours und rechts weiden oft Ziegen. Im Juni oder Juli blühen hier viele der geschützten Türkenbundlilien. Die heißen so, weil die Blüten wie ein Turban aussehen.
Dann biegt der Weg rechts herum zur Burg. Aufpassen! Wir gehen hier in der Kurve mit dem breiten Fahrweg abwärts in den Wald mit den schönen alten Buchen. Unten an der Rechtskurve kommt dann Rotkreuz von Algerdorf herauf und dieses Zeichen führt rechts an schönen Felsen und einer Doline vorbei hinaus nach Hohenstein.
Jetzt können wir die Wanderung zum Burgbesuch unterbrechen. Vor dem Gasthaus „zur Felsburg“ können wir rechts zur Burg hochsteigen. Nähere Informationen finden wir auch im Schaukasten rechts am Zaun. Dort

steht auch, ob die Burg geöffnet ist, ansonsten gibt es den Schlüssel im „Krämerlädle“ Igel, etwas unterhalb des Gasthauses.

Der Aufstieg zu den unteren Burganlagen und den Felsen hinter der Burg lohnt schon wegen der Aussicht. Nach dem ersten Tor steht rechts das lange ehemalige Nürnberger Pflegamtsgebäude, heute würde man Landratsamt sagen. Die eigentliche Burg steht hoch über uns, auf senkrecht aufsteigenden, teilweise überhängendem Kalksteinfelsen. Ein Treppensteig führt zum Burgeingang und links weiter aufwärts zu den Aussichtsfelsen unterhalb der Burg.
Gehen wir in die Burg, dann können wir nach dem Tordurchgang links in die Burg-Kapelle. Ein paar Treppen höher steht das Kassenhäuschen im Innenhof. Von dort geht es zu den Aussichtsterrassen am Glockentürmchen, das für den einst sehr hohen Bergfried steht, und an der Zinnenmauer mit den Schießscharten entlang kommt man zum Hauptgebäude. Hier können wir innen hochsteigen und vom Dachreiter aus die Aussicht genießen. Nach dem Abstieg kann man in der Ritterstube, über der Kapelle, noch alte Burgansichten und einige Wappen anschauen und sich ins Gästebuch eintragen.

Nach dem Burgbesuch lockt noch ein kleiner zwei Kilometer langer Rundweg, der mit einem roten Ring markiert ist. Wir gehen zurück zum oberen Ortsende und folgen der Straße rechts abwärts in Richtung Wallsdorf. Nach ca. 200m Meter geht es mit Rotring und anderen Zeichen links an den Hecken vorbei und dann am Wald entlang.
Nach dem schönen Rückblick zur Burg von Osten, geht es links im Wald über eine kleine felsige Höhe und wir kommen zum „Hüllweiher“. Dort erzählt uns eine Tafel, wie wichtig solche wassergefüllten Erdlöcher in früherer Zeit waren, als es die Wasserleitung noch nicht gab, und was dort heute lebt.

Vom Weiher aus geht es mit Rotring links in den Buchenhochwald und auf breitem Waldweg um die Höhe, die uns hier links von Hohenstein trennt. Bald geht es wieder etwas abwärts, dann kommen der Paul-Pfinzing-Weg und der Main-Donau-Weg von rechts und mit beiden Zeichen geht es links, mit Ausblick auf die Höhen jenseits des Sittenbachtales, an der Ackerflur entlang.

*Der **Main-Donau-Weg** führt von Staffelstein am Main nach Regensburg an der Donau. Er ist insgesamt 242 km lang und Hohenstein liegt fast genau in der Mitte.*
*Der **Paul-Pfinzing-Weg** ist in Wanderung 4 und 6 beschrieben.*

Wir müssen noch durch einen bewaldeten Höhenrücken und dann sehen wir wieder auf der Höhe den Ort mit der Burg, jetzt von der Nordseite, mit Glockentürmchen, Zinnenmauer und dem Palas.
Auf der für den allgemeinen Verkehr gesperrten Straße, die von Steinensittenbach herauf kommt, erreichen wir wieder den Ort und geradeaus abwärts kommen wir mit Blaukreuz und „Heinz-Treuheit-Weg“, zum Parkplatz „Gemeindeanger“.

Das Scheunenviertel in Velden

8 Rund um das Städtchen Velden

Start: Bhf. Velden - **Bahnlinie:** R 3 Hersbruck-Neuhaus - **Parken:** Ortsende Ri Neuhaus oder am Bhf. – **Anfahrt:** B 14 bis Hohenstadt, dann Richtung Neuhaus - **Weglänge:** 6 oder 8 km - **Einkehren:** In Velden.

Diese Wanderung verläuft größtenteils auf Pfaden mit leichten Steigungen durch die Wälder und Felder um das idyllisch gelegene Städtchen Velden. Dabei gibt es schöne Aussichtspunkte und mächtige bizarr geformte Felswände.

Velden *erstmals als Reichshof 889 erwähnt, wurde 1376 unter Karl IV. Stadt. Das malerisch an einer Pegnitzschleife gelegene Städtchen gehörte von 1504 bis 1806 zum Territorium der Freien Reichsstadt Nürnberg und ist seit 1877 Bahnstation. Durch schwere Zerstörungen Ende des Zweiten Weltkrieges stehen heute von der ehemaligen Stadtbefestigung nur noch kleine Reste der Stadtmauer am Pfarrhaus, das Mühltor und das alte Pflegerschloss. Schöne Wappenreliefs am Pfarrhaus, am Kirchturm und am First des ehemaligen Stallgebäudes beim Schloss. Eine Kostbarkeit in der Pfarrkirche ist der holzgeschnitzte Flügelaltar mit Maria im Strahlenkranz. Außerhalb der* *einstigen Stadtmauer steht noch das einzigartige, heute am besten erhaltene Scheunenviertel Frankens.*

Ab der Wandertafel folgen wir Gelbring rechts und steigen an der einzelnen Kiefer links den Pfad hoch. Auf fast ebenem schmalen Pfad geht es durch den Misch-, dann Kiefernwaldhang weit oberhalb der Pegnitztalstraße. Dabei kommen wir an zwei Ruhebänken vorbei und können hinunter auf das überbreite Pegnitz-Wehr am Schotterwerk von Neuensorg schauen. Bei dieser Anlage wurde auch eine schmale Spur für die Forellen freigelassen, damit die nicht über die Stufen purzeln müssen. Nach dem Trafohaus folgen wir dem von der Straße kommenden Asphaltweg aufwärts.

Wo die Teerdecke endet, geht es rechts herum, bei der Abzweigung geradeaus und bei der Gabelung an der Waldspitze wandern wir unten auf dem grasigen Weg weiter. Hier rechts können wir sehen, was ein Waldmantel ist, unzählige Hecken schützen hier den Wald vor Wind und Wetter. Der hohe Berg zur Linken besteht aus Erdaushub, es ist aber kein Bauschutt dabei, denn den darf man hier im Karstgebiet nicht lagern bzw. entsorgen.

(Bei den Wegweisern führt die Gelbringmarkierung links herum, an der einzelnen Kiefer links vorbei, bald aufwärts nach Velden und rechts zum Spielplatz. Das wären insgesamt nur 3 km)

Deshalb gehen wir hier **ohne Zeichen** geradeaus, in Richtung Rothenbruck/Engenthal. Im Wald geht es aufwärts und oben mit dem ebenen Fahrweg links weiter. Bald endet der Wald zur Linken, da bleiben wir noch am Waldrand, bis auch rechts der Wald endet. Dann geht es auf dem geschotterten Fahrweg, der aus Rothenbruck kommt, links aufwärts am Holzlagerplatz vorbei auf die Geländewelle. Dort drehen wir uns noch einmal, um das sich bietende Panorama anzuschauen. Ganz links die Krottenseer Höhe, der Zinnberg, die Hohe Würze, etwas

a.d.Peg
(400)
Engenstein
499
472
Großpfennigbg
498
Karlskp.
Kohlweg
Rothenb
VELDEN
(376)
Neuen-
sorg
Hp
Johannesfelsen
Lang-Agnes-
Felsen
Hirtenfelsen
Güntersthal
Petershöh
522
Staatsforst Hartenstein
Kläranl.
UW
524

weiter Breitenstein (mit Kapelle), dann der Ossinger (als höchster) und ganz rechts die Hartensteiner Berge.
Jetzt geht's abwärts in die leichte Mulde (hier geht die Verlängerung rechts ab) und wieder aufwärts auf die nächste Geländewelle. Dort oben bei der Bank kommt Blaukreuz und Rotring rechts von Neuhaus bzw. Pfaffenhofen und mit beiden Zeichen geht es jetzt links abwärts, an Feldhecken und vereinzelt stehenden Kiefern vorbei, in die sandige Senke.
Hier auf den fast baumlosen Jurahochflächen sind diese Feldhecken, Weißdorn, Schwarzdorn, Kornelkirsche usw. wichtig als Wasserspeicher, Taufang und Windschutz für die Felder und sie dienen den Vögeln auch als Nistplatz. Es geht wieder aufwärts durch ein Kiefernwaldstück und oben, bei der Bank, führt rechts ein Weg hoch zum „Hüllweiher", auf dem im Sommer besonders schöne Seerosen blühen.

Diese kleinen Teiche, waren früher lebenswichtige Oasen auf der sonst wasserlosen Höhe und dienten vor allem den Tieren als Tränke. Heute leben in diesem Feuchtbiotop, zu dem die Leute auch „Froschweiher" sagen, zahlreiche Tierchen, Wasserläufer, Köcherfliegen, Wasserkäfer und verschiedene Molcharten.

Jetzt folgen wir dem Weg weiter durch die Felder auf die Veldener Wohnsiedlung „Auf dem Felsen" zu. Vor der Straße teilt sich der Weg, wir gehen jetzt links und auf dem Weg neben der Straße auf die Häuser zu bis zum Verkehrszeichen 30 km.
Hier bei der Bank unter dem Spindelbaum, der im Herbst die schönen rosaroten Pfaffenhütchen trägt, gehen wir rechts, links der Kinderspielplatz mit Bauwagen als Schutzhütte, auf grob geschottertem später geteertem Fußweg steil abwärts. Unten geht es noch 400 Meter auf dem Gehweg neben der Straße am Veldener Friedhof

entlang und durch das schöne Scheunenviertel in die Ortsmitte und rechts zum Mühltor.

Vor dem Tor steht links das Schloss und die dazugehörenden Gebäude, Scheunen und Stallungen. Im Schloss wohnte einst der von den Nürnbergern eingesetzte Stadtpfleger, der war so etwas wie heute der Landrat in Lauf. Am First des Schlossstadels sehen wir eine schöne Wappenkartusche mit dem Reichsadler in der Mitte und an der Seitenwand im Schlosshof die beiden Nürnberger Wappen und unter dem kleinen Vordach das Veldener Wappen mit der Forelle.

Jetzt geht es durch das Tor und **ohne Zeichen** links in den Mühlweg, vorbei an den beiden Mühlen, deren Mühlenräder noch laufen, zur Pegnitz, mit schönem Blick auf die mächtigen Felsen, die hier der Urstrom der Pegnitz formte. Auf schmalem Pfad wandern wir jetzt an der Pegnitz entlang, manchmal unter den Felsüberhängen, und bewundern dabei diese gewaltigen Felswände. Dabei laden auch Bänke zum Verweilen ein, da können wir hinüber zum Stadtschloss schauen und dem Rauschen der Wasserräder lauschen.
Am Aufstieg zum schön in den Felsen eingebauten Kriegerdenkmal geht es links über den hölzernen Pegnitzsteg und dann müssen wir links leider 300 Meter neben der Straße gehen, die bei den Linden rechts herum führt. Vor der Brücke mit dem Reh kreuzen wir vorsichtig die Straße und gehen geradeaus, mit dem Wegweiser „Schießmauerweg", in die Sackgasse.
Die hölzerne Tribüne links über der Pegnitz hat beim Veldener Waschtrogrennen besondere Bedeutung. Beim Haus Nr. 10 geht es rechts und dann links zwischen Haus und Kellereingang wieder zur Pegnitz. Der schöne Uferweg führt jetzt an der Pegnitzinsel und kleinen Schrebergärten vorbei bis zu drei großen Erlenbäumen,

wo der „Panoramaweg“ abzweigt.
Dort geht es noch unter der Bahnbrücke durch und dann mit allen Zeichen links über den Pegnitzsteg und drüben kurz links. Bitte gut aufpassen! Wir müssen jetzt vorsichtig die Straße kreuzen und dann führt ein Steig hoch zum Parkplatz am Bahnhof.
Verlängerung: Wer um ca. 2 km verlängern will, kann in der Mulde nach dem Holzlagerplatz rechts ab auf die Kieferngruppe zu wandern und dort links vorbei mit dem Feldweg zum Wald und am Waldrand entlang weiter gehen. Dann aufpassen! Etwa gegenüber der Scheune mit den sechs Toren geht es am Waldeck scharf links im Wald abwärts, an der folgenden Ackerlichtung links an der Obstwiese mit Bienenstand vorbei zur einsamen Karlskapelle. (Siehe Wanderung 9). Von dort führt der in Wanderung 9 beschriebene Kapellenweg und Blaupunkt links neben der Scheune auf die Albhöhe. Oben auf der Höhe geht es mit Blaukreuz links in Richtung Velden durch ein Waldstück zur Bank an der beschriebenen Route.

An der Pegnitz bei Velden

9 Zur Karlskapelle und Burg Veldenstein

Start: Bhf. Neuhaus - **Bahnlinie:** R 3 Hersbruck-Neuhaus - **Parken:** am Bahnhof oder oben in der Ortsmitte - **Weglänge:** 4 ½ km - **Einkehren:** in Neuhaus – **Anfahrt:** B 14 bis Hohenstadt, dann durchs Pegnitztal.

Diese relativ kurze, aber sehr abwechslungsreiche Wanderung führt auf romantischen Pfaden an reizvollen Aussichtspunkten und einer einsamen Kapelle vorbei zur Burg Veldenstein. Zum Abschluss lockt noch ein interessanter Burgbesuch mit Kinderspielplatz. Auf einem kurzen Teilstück (ca. 300 m) sollten kleinere Kinder unbedingt an der Hand bleiben!

Um Neuhaus gibt es zwei jeweils rund 7 km lange Kapellenwege, die zu den zahlreichen Feldkapellen, Kreuzen und Marterln führen.

Neuhaus a.d.Pegnitz *wurde schon 1007 als das „newe house“ erwähnt. Der Marktflecken liegt zu Füßen der festungsähnlichen Burg Veldenstein. Die Pegnitz musste sich hier durch das Juragestein nagen und durch den Rückstau entstand eine Auenlandschaft, ein Paradies für seltene Vögel, Wasser liebendes Kleingetier und Feuch-*

tigkeit liebende Pflanzen. Unterhalb der Burg steht die 1765 errichtete Kirche St. Peter und Paul. Eine Eigenart in der Inneneinrichtung sind die Zunftstangen an den Bankreihen, die bei der Fronleichnamsprozession mitgeführt werden. In Neuhaus gibt es auch noch Kommunbrauer, die untereinander abwechselnd ihr selbstgebrautes Bier ausschenken.

Gegenüber dem Bahnhof geht es den Steig hoch und oben, mit Blaupunkt und Kapellenweg 1, links herum. Nach den drei Gänsen am Brunnen gehen wir rechts abwärts in die Waldstraße (Wegweiser Sportgelände). Nach etwa 150m (300 Schritten) geht es links zum Waldeck, wo die erste Kreuzwegstation steht.
Hier beginnt der schwierige Aufstieg, ein stellenweise steiler Waldpfad führt durch hellen Kiefernwald an schönen Kreuzwegstationen, mit auch mal in die Felsen gearbeiteten Bildtafeln, die den Leidensweg Christi zeigen, vorbei.
Nach einigen Steintreppen lädt eine Bank zur Rast ein und dann geht es nur noch kurz aufwärts bis zum Waldende vor dem Sportplatz. Hier müssen wir links wieder in den Wald und am Felsblock mit der Bildtafel links vorbei zum schön geschnitzten Kruzifix am Ende des Kreuzweges. Dort können wir noch auf die hölzerne Aussichtskanzel hochsteigen, der die Neuhauser den Namen „Tarzanhorst" gaben.
Von hier können wir über das Pegnitztal zu der bewaldeten Bergkette mit dem Ossinger (Turm) zwischen Krottensee und Hartenstein schauen.
Danach geht es kurz zurück und nach der Kreuzwegstation links herum. Wir müssen jetzt gut auf die Markierung **(Kapelle mit Ziffer 1)** und auf den Weg achten! Bei der Wegeteilung geht es geradeaus abwärts (rechts abwärts führt der kürzere leichtere und ungefährliche Weg direkt zur Kapelle). Der markierte Trampelpfad führt

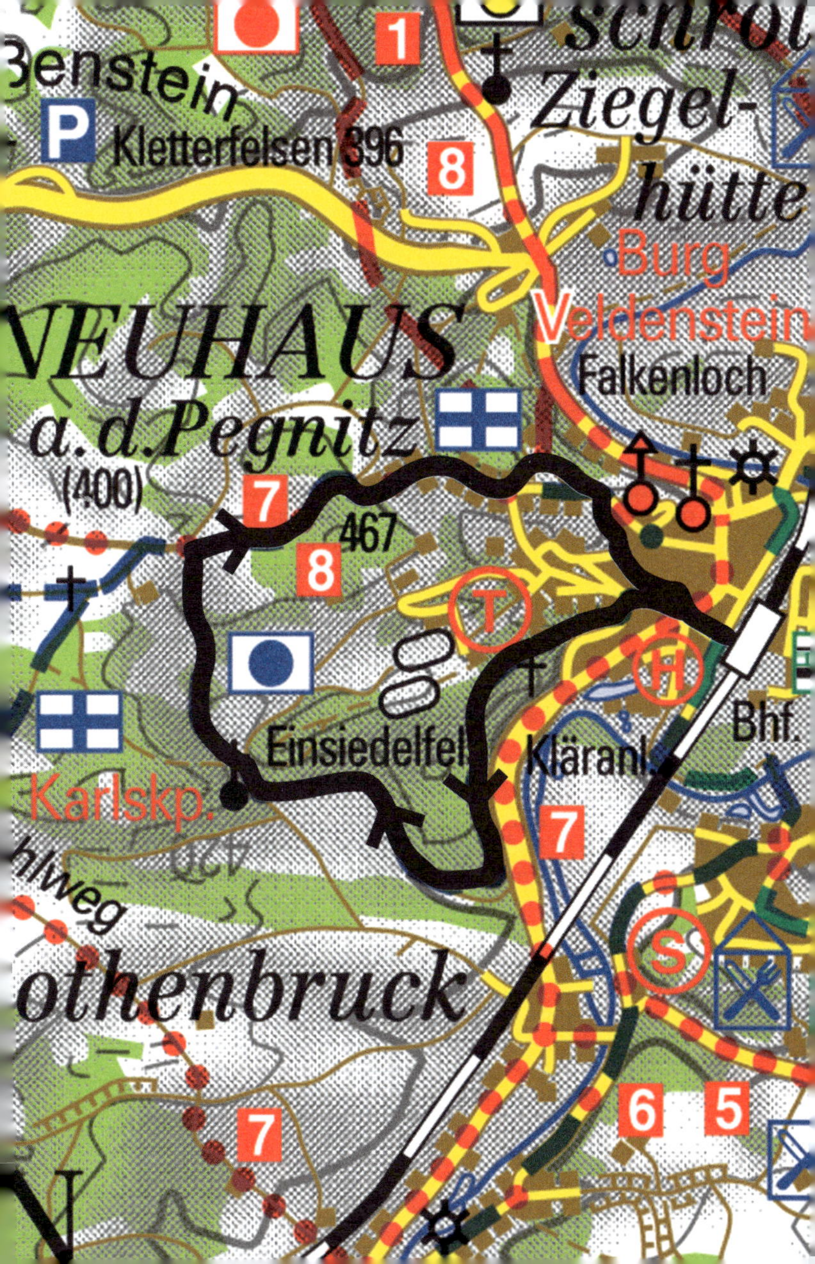

Ziegel-
hütte
Kletterfelsen 396
Burg
Veldenstein
NEUHAUS
a.d.Pegnitz
(400)
Falkenloch
467
Einsiedelfels
Kläranl.
Bhf.
Karlskp.
othenbruck

wieder hoch, bitte auf dem schmalen Weg bleiben und nicht herum tollen.
Die Tafel erzählt etwas über die Pflanzen im „Dolomitkiefernwald“, danach geht es rechts herum, links der senkrechte Abgrund über dem Pegnitztal. Nach der Sitzgruppe, die im grasigen Kiefernwald oberhalb einer freistehenden mächtigen Felswand steht, fällt der Weg und am Schulwald vorbei geht es bald rechts vom Pegnitztal weg. Dann beginnt gemütliches Wandern auf einem sandigen Feldweg. Zur Linken die große Ackerlichtung und rechts der grasige Weißjurahang mit Kiefern, Wacholdersträuchern und Felsturm, geht es auf ebenem Weg weiter.
Im frühen Frühjahr wachsen hier die Kuhschellen, später die Himmelsschlüssel und die Anemonen und im Herbst der gefranste Enzian und die kleine Steinnelke. Das alles sind typische seltene geschützte Blumen, die unseren kalkigen, Wärme speichernden Boden lieben und die wir nicht abpflücken dürfen.
Immer den Waldhang auf der rechten Seite, kommen wir zu einer schönen Sitzgruppe, wo der kürzere Weg wieder dazu kommt. Hier geht es links herum und am nächsten Waldeck rechts zur einsamen „Karlskapelle“ zwischen den Linden und der Sitzgruppe davor.

Der Neuhauser Landwirt Karl Bauer ließ dieses kleine Gotteshaus 1817 errichten. Er war im Jahr zuvor, hier im Flurgrundstück „Kastenteich“, beim Ackern mit den Pferden von einem Unwetter überrascht worden. Die Tiere folgten nur noch unwillig, ließen sich dann nicht mehr beruhigen, scheuten und sind schließlich davon galoppiert. Dabei kam er zu Fall und wurde zwischen den Pferden und der Deichsel mitgeschleift. Er dachte seine letzte Stunde sei gekommen und an der Stelle, wo seine Pferde stehen blieben und er sich schwer verletzt befreien konnte, steht heute diese Feldkapelle mit der Inschrift „1817

KR". Das müsste wohl KB heißen, diese Verwechslung passierte vermutlich bei einer Renovierung im Jahr 1988.

Wir lassen die Kapelle hinter uns, gehen links neben der Feldscheune mit dem **Kapellenweg** am Wald entlang leicht aufwärts. Nach dem Waldstreifen weichen wir dem Acker nach rechts aus und gehen dann links durch das Waldstück auf der Albhöhe. Ganz oben stoßen wir an einen Fahrweg und die Markierungen Rotpunkt und Blaukreuz.

Hier können wir auch erst kurz links gehen und uns das nahe Feldkreuz an der Baumgruppe anschauen und noch etwas weiter in Richtung Velden steht eine Steinsäule, dort grenzten bis 1975 die drei bayerischen Regierungsbezirke Mittelfranken, Oberfranken und Oberpfalz aneinander.

Dann müssen wir wieder zurück, der Kapellenweg biegt links ab und wir folgen mit den anderen Zeichen dem fast ebenen Fahrweg. Der bald asphaltierte Weg führt in einer S-Kurve durch ein Waldstück steil abwärts zu den ersten Häusern von Neuhaus.

Wir können jetzt mit der Straße geradeaus zur Burg gehen. Schöner aber ist der Weg, wenn wir bei Haus Nr. 36, neben der bewaldeten Höhe, kurz links abwärts und nach ca. 50 Meter rechts und gleich wieder rechts mit der Rotpunktmarkierung zwischen Pferdekoppel und Wald aufwärts gehen. Nach dem Waldstück lassen wir das Wohngebiet rechts und folgen dem Trampelpfad links zu der mit Geländer gesicherten Felskanzel mit schönem Blick zur auf hohem Fels stehenden Burg Veldenstein.

Danach schlängelt sich der Pfad durch den niederen lichten Wald abwärts und führt fast eben im Hang weiter. Links tief unten glitzert die Pegnitz durch die Stämme, dann geht es an einer Felswand rechts hoch zur Straße, am oberen Burgtor.

Mit der Straße gehen wir neben der Burgmauer abwärts und um den unteren Rundturm aufwärts zum Tor, wo wir für ein geringes Eintrittsgeld in die Burg dürfen.

Die Burg Veldenstein war bis 1802 Verwaltungs- und Residenzburg der Fürstbischöfe von Bamberg. Neben Neuhaus gehörte auch der gesamte 35 Quadratkilometer große Veldensteiner Forst mit seinen Dörfern und Einzelhöfen dazu. Um 1478 wurde die starke Wehrmauer mit den acht Rundtürmen und drei Toren neu errichtet. Der 1708 durch Blitzschlag vernichtete Hauptbau zwischen dem 21 Meter hohen Bergfried und dem Herrenhaus, dem heutigen Hotel, wurde nicht wieder aufgebaut.

Durch den unteren Torbogen kommen wir in den Vorhof mit dem Kassenhäuschen. Rechts durch die quadratischen Fenster können wir die Ausblicke genießen, links in den wehrhaften Mauern sehen wir die außen breiten Schießscharten, durch diese konnten die Wächter weit nach links und rechts schießen. Dann geht es durch das Tor mit dem Henneberger Wappen, hier können wir rechts in die alte Wache schauen und dann links zum Verwalterhaus gehen. Dort auf der Tafel ist noch mehr über die Geschichte der Burg zu lesen. Geradeaus kommen wir in den großen Burghof mit Spielplatz und kleiner Burgkapelle und dem Abstieg zum erst nach 1933 gebauten Bunker. Auf dem hölzernen Laufsteg geht es an der Mauer entlang zum hinteren Zwinger und dem weit nach Nordwesten vorgeschobenen alten Wehrgang. Wer auch den 21 Meter hohen Bergfried hochsteigt, dem bietet sich eine herrliche Fernsicht auf den Veldensteiner Forst, die südliche Fränkische Schweiz, die nördliche Hersbrucker Schweiz und die Oberpfälzer Berge. Im Hotelrestaurant stehen noch zwei echte Ritterrüstungen. Nach dem Burgbesuch führen die Markierungen die Straße abwärts, mit der Hersbrucker Straße kurz rechts und dann links den Steig hinunter zum Bahnhof. Wir können aber auch vor dem Parkplatz links zur Kirche und dann unterhalb rechts abwärts am Rathaus vorbei gehen. Dann kommen wir auch zur modernen evangelischen Kirche, die wegen ihrer Bauart und dem grünen Anstrich scherzhaft „Krokodil“, genannt wird. Hier kreuzen wir beim Zebrastreifen die Straße und kommen rechts durch die Allee zum Bahnhof.

Die Karlskapelle nahe Neuhaus

Die Kapelle auf dem Frauenberg bei Hartenstein

Die Mysteriengrotte nahe Neuhaus

Hammer-
schrott
Ziegel-
hütte
Burg
Veldenstein
Falkenloch
Bader-
weiher
Ohr
Kläranl.
Opfer-
steine
Krottens
FD
Wbh.
Bhf.
Kläranl.
Distlergrotte
Finstermühle
Rehberg
Mysterien-
grotte
Bärnhof
genthal
Sulzfelsen
Erzweg
Staatsforst
nstein
384
410
410
436
(433)
447
453
486
435
463
440
400

10 Zur Mysteriengrotte

Start: Bhf. Neuhaus – **Bahnlinie:** R 3 Nürnberg- Pegnitz – **Parken:** Am Bahnhof – **Anfahrt:** B 14 bis Hohenstadt, dann durchs Pegnitztal oder A 9 Ausfahrt Plech **Weglänge:** ca. 8 km – **Einkehren:** in Krottensee und Neuhaus.

Diese Wanderung mit nur kurzen leichten Steigungen überrascht mit mehreren interessanten Naturdenkmälern. Die Route führt an einer kleinen Höhle, einem Wasserschlinger, mehreren Quellen und drei Feldkapellen vorbei. Die letzten zwei Kilometer von Krottensee sind asphaltierte Straße durch Wohngebiet.

Neuhaus – *siehe vorhergehende Wanderung Nr. 9.*

Vom Bahnhof aus geht es mit mehreren Markierungen an den Alleebäumen entlang in Richtung Auerbach. Bei der Sparkasse, gegenüber dem „grünen Krokodil“, wie einige die evangelische Kirche nennen, gehen wir über die Pegnitzbrücke und dann mit mehreren Zeichen rechts die Stufen hinunter und neben der hier gemächlich fließenden Pegnitz unter der Bahn durch. Drüben sehen wir die Gebäude der Kaiserbräu, es ist Nordbayerns größte private Bierbrauerei.

An der Wegeübersichtstafel können wir uns noch mal informieren. Zunächst führen Grün- und Blaupunkt, kurz auch Rotpunkt. Es geht geradeaus am Spielplatz und dem Weiher vorbei zu den Quellen, die unterhalb einer Felswand heraussprudeln. Dieses Wasser war schon einmal auf der Erdoberfläche, ist dann aber wieder durch einen sog. Pornor verschwunden und dann unterirdisch bis hierher geflossen. So einen Wasserschlinger sehen wir später an der Mysteriengrotte.
Wir folgen jetzt dem Pfad neben der Pegnitz an der Felswand entlang und beobachten dabei weitere Quellen, die hier die Pegnitz speisen. Dann trennen uns Fischteiche und sumpfiger Auwald von der Pegnitz.

Der Urstrom der Pegnitz musste sich hier bei Neuhaus erst einen Weg durch das harte Juragestein schaffen, das Wasser hatte sich gestaut und so war hier ein großer See entstanden, von dem heute noch diese Auenlandschaft übrig geblieben ist. Sie ist ein Paradies für seltene Vögel, unzähliges Wasser liebendes Kleingetier und die Feuchtigkeit liebende Pflanzen.

Dann kreuzen wir die Straße, die rechts von Finstermühle kommt, und wandern geradeaus in den Geländeeinschnitt, rechts die Baumgruppe mit Marterl. Weiter vorne steht eine Tafel, die etwas über die erst 1905 entdeckte Distlerhöhle erzählt. Der Eingang befindet sich im Felsen oberhalb, wir sollten da nicht ungesichert rein gehen, der abschüssige Höhlenpfad ist zu gefährlich.
Wir bleiben unten, gehen kurz links und wieder rechts durch den Waldstreifen. Dann biegt Rotpunkt links ab hinauf zur „Maulskapelle“ an der Straße Neuhaus-Krottensee. Jetzt folgt geruhsames Wandern, es geht in mehreren Kurven durch den „Feilersgrund“, wie dieses stille romantische Trockental heißt. Es wurde vielleicht schon vom Schmelzwasser der Eiszeitgletscher geformt.

Der Graben hat nur noch zur Schneeschmelze und nach starken Regenfällen Wasser.
Wenig später stehen rechts oben das Einzelgehöft Rehberg und Häuser von Bärnhof. Wir bleiben im Talgrund und kommen nach mehreren Biegungen an eine Wegeübersichtstafel, wo Blaupunkt rechts abbiegt. Auch dort bleiben wir unten und folgen Grünpunkt halblinks in den dunklen Fichtenwald. Bald tauchen links oben im Hochwald mächtige Felsberge auf, dann wird es heller und wir kommen an eine Wiese. Diese lassen wir links, wandern geradeaus am Fichtenwald entlang, schlüpfen am Ende der Wiese links durch die Schlehenhecken in den Wald und stehen vor einem Felsberg.

Hier können wir links zum Felsen und mit Licht in die 16 Meter lange bis zu 10 Meter breite Hallenhöhle mit einer kleinen Deckenöffnung. Wegen blutähnlichen Flecken an der Höhlenwand und der Sage von der Erscheinung einer weißen Frau heißt sie„Mysteriengrotte". Unterhalb im Wald sehen wir den „Eichelgartenpornor", zwei unterschiedlich große Erdlöcher, auch Dolinen genannt, in denen sich zur Schneeschmelze oder nach heftigem Regen das Wasser sammelt, dann in der Erde verschwindet und später, vielleicht unten an der Pegnitz, als sog. Karstquelle wieder heraus kommt.

Durch den schönen, etwas licht gewordenen Wald geht es zur Straße Neuhaus-Königstein. Zuvor kommt Rotkreuz rechts vom Bismarckschacht und mit beiden Zeichen folgen wir der Straße nur 50 bis 60 Schritte links und gehen dann rechts an den Fichten entlang aufwärts. Wir überwinden hier einen bewaldeten Höhenrücken und sehen dann das Dorf Krottensee, unser nächstes Ziel. An Feldgehölzen vorbei geht es abwärts zur in einer Geländemulde stehenden „Schlieraukapelle".

Eine Tafel erzählt hier einiges über diese 1864 erstmals erwähnte Feldkapelle und über die Schlacht bei Krottensee, zwischen Nürnberger und Bayerischen Truppen im Jahr 1703.

Hier kommt Gelbpunkt aus Königstein dazu und mit diesem Zeichen geht es auf dem Fahrweg allmählich aufwärts nach Krottensee. Die anderen Zeichen biegen schon nach 100m rechts hoch zur Straße ab. An der Kastanie in Krottensee verlassen wir alle Zeichen, die rechts in das Straßendorf führen, und gehen **ohne Zeichen** in Richtung Neuhaus. Ca. 50 m nach der Kapelle, mit dem schönen Spruch über dem Bogen, kreuzen wir vorsichtig die stark befahrene Straße und stehen an einem aus Naturstein bestehenden Obelisk (eine nach oben schmäler werdende Steinsäule).

Die Tafel am Stein erinnert an die Schlacht zwischen churbayerischen und fränkischen Truppen im Spanischen Erbfolgekrieg im Jahr 1703. Damals gab es hier viele Tote und fast das gesamte Dorf Krottensee war zerstört. Ein Krottenseer Bauer, der damals im Backofen versteckt überlebt hatte, wollte auf dem Berg, den er nach seiner Rettung zuerst sah eine Kapelle errichten. Diese Kapelle steht heute auf dem Pinzingberg bei Auerbach, zehn Kilometer nordöstlich von Krottensee.

Jetzt geht es neben dem Denkmal durch den Wiesenstreifen und auf der schmalen Nebenstraße abwärts. Beim Feuerwehrhaus mit der schönen Lüftlmalerei kommen wir an die Hauptstraße und folgen dieser links zur Kapelle mit dem Kriegerdenkmal.
Etwa fünfzig Meter nach dieser Kapelle biegen wir mit Gelbpunkt und anderen Zeichen links ab und kommen auf dem alten Kirchenweg zu einem Marterl. Danach geht es mit der Straße „Im Wiesengrund“ geradeaus,

später etwas links abwärts auf geteertem Fußweg mit Blick zur Burg Neuhaus.
In Neuhaus geht es an der „Führlbeckkapelle“ vorbei und vor der Bahnunterführung links zum Spielplatz vor der Pegnitz und auf bekanntem Weg zum Bahnhof.

Am „Tarzanhorst“

Petershöhle
503
Hartenstein
Tr
Le
524
Hartenstein
544 (498)
562
Wbh.
Hasenleite
555
Heideloch
berg
523
Bichelberg
444

11 Zur „Hainkirche“ und „Fechtershöhle“

Start: Kirche in Hartenstein – **Weg und Zeit:** 7 km, 2 Stdn. – **Parken:** Ortsmitte von Hartenstein - **Anfahrt:** B 14 bis Hohenstadt, dann Richtung Neuhaus und in Velden abbiegen - **Einkehrmöglichkeiten:** in Hartenstein und Grünreuth (Mo Ruh).

Auf dieser Wanderung durch die Berge um Hartenstein geht es zunächst auf einem Naturerlebnispfad zu einem Wald-Musikinstrumentenplatz. Dann liegen zwei interessante Höhlen am Weg und der Rückweg führt auf schönen Pfaden durch felsenreichen Wald.

Hartenstein *liegt idyllisch zwischen dem Burgberg und Hirtenberg. Die aus dem 13./14. Jh. stammende Burg wurde im Dreißigjährigen Krieg zur Festung ausgebaut und 1714 zum Teil abgetragen. Sie ist seit 2003 Gemeindebesitz und bewirtschaftet. An der westlichen Außenmauer der Kirche erinnert noch eine Gedenktafel an einen der früheren Festungskommandanten und von der ehemaligen Burgkapelle ist noch ein Fenster in der Festungsmauer zu sehen.*

Von der Kirche aus geht es mit Grünstrich neben der Straße abwärts und nach der Linkskurve rechts hoch in Richtung Jugendherberge. Am Marterl verlassen wir Grünstrich und gehen rechts neben der Jugendherberge mit rotem Andreaskreuz weiter aufwärts.
An der Übersichtstafel des Naturerlebnispfades geht es dann geradeaus in den Wald und die Blaupunktmarkierung biegt bald links ab zur Petershöhle.
Wir bleiben auf dem breiten Hauptweg und folgen dem roten Andreaskreuz, dem Grünring, dem Fitnesspfad und dem Naturerlebnispfad am Waldrand entlang in weitem Bogen um die große Ackerlichtung. Bei der neuen Ruhebank macht der Lehrpfad einen kleinen Abstecher in den Wald und verlässt uns dann wenig später an der nächsten Bank.

Hier können wir auch diesem mit einem Eichhörnchen markierten Pfad folgen, das wäre ein Umweg von ca. 800 m. Es geht zunächst aufwärts und im Jungwald in einer großen Linksschleife zu den Dolomitfelsen, wo wir durch Geländer gesichert die Felsen etwas erleben können. Hier geht es dann links aufwärts zur Kapelle auf dem Frauenberg und am „Fußtastpfad“ vorbei abwärts zur Kreuzung bei den hölzernen Musikinstrumenten.
Auf dem3,5 km langen Rundweg Naturerlebnispfad „Hartensteiner Oberberge“
lernen die Kinder etwas über Geologie, Pflanzen, Bäume, Tiere und Erde. Auf den insgesamt 15 Stationen können sie auch Felsen erkunden, ihren Tastsinn prüfen und Waldinstrumente erklingen lassen.

Wer dem roten Andreaskreuz weiter folgt, kommt an einer kleinen Kletterwand vorbei zur alten Buche, wo der Fitnesspfad links abbiegt. Dort geht es geradeaus aufwärts mit dem breiten Weg zur Wegekreuzung am Musikinstrumentenplatz.

Hier kommt der Naturerlebnispfad rechts vom Frauenberg und führt links an mehreren Tafeln und hölzernen Musikinstrumenten vorbei aufwärts. während die Eltern sich auf der Bank ausruhen, können die Kinder hier mit der Waldtrommel Nachrichten verbreiten, das Dentrophon erklingen lassen oder ihre Ohren an den Schallschlitz halten und dem Naturorchester lauschen.

Hier kommt auch Blaustrich links von der Petershöhle und führt rechts hoch über den Frauenberg nach Hartenstein, das wäre eine Abkürzung!
Für den weiteren Weg geht es, an der Bank geradeaus, wenige Schritte abwärts und dann mit Rotpunkt und Ziffer 5 rechts (nicht links) steil abwärts. Bald taucht rechts im Wald ein mächtiger Felsberg auf und von weitem kann man schon eine Höhle, die Hainkirche, sehen. Mehrere kaum sichtbare Pfade führen durch den etwas verwilderten Wald zur Felswand hin und mit etwas Geschick können die Kinder etwas hoch zu dieser mächtigen Durchgangshöhle klettern.

Sie ist 23 m lang, bis zu 8 m hoch, bis zu 28 m breit und hat insgesamt sieben Öffnungen. Im Winter bilden sich im Höhlenraum auch sehr schöne Eissäulen.

Wir müssen von der Felswand wieder zurück zum Wanderweg. Dann bitte aufpassen! Bei der Gabelung verlassen wir den abwärts führenden Rotpunkt und folgen **ohne Zeichen** dem Hauptweg, der bald rechts herum abwärts führt. Unten, bei dem Jagdstand im Laubbaum, folgen wir rechts dem grasigen Feldweg an einem weiteren Anstand und der Wegetafel vorbei zur Asphaltstraße. Jetzt genau auf die Beschreibung achten! Mit der Straße geht es ca. 100m links, dann rechts ab, zwischen Wald und Acker aufwärts.
Im Wald noch ca. fünfzig Meter geradeaus, links die

Jungfichten und die Einzäunung. Dann geht es ohne Weg kurz rechts hoch und auf dem kleinen Hang wieder links, rechts oben der riesige Felsberg mit der großen Öffnung der „Fechtershöhle". Der Pfad mündet in einen breiten Waldweg, mit ihm geht es hinauf zur Höhle.

Die ***Fechtershöhle*** *ist am Eingang vier mal acht Meter groß und führt trichterförmig 38 Meter tief in den Felsberg, wobei die hinteren Höhlenräume nur gebückt oder kriechend erreicht werden können. Sie wird auch Grünreuther Höhle genannt.*

Danach müssen wir wieder zurück unten auf ebenem Weg rechts zur Straße Rothenbruck-Grünreuth und mit dieser 500 m aufwärts in das Juradorf Grünreuth gehen. Links in der Straßengabel steht noch ein alter fränkischer Backofen und im nahen Gasthaus „zum Schlössl" hängt ein Kupferstich, der das einst stolze Grünreuther Schloss zeigt, von dem nichts mehr zu sehen ist. Es stand nahe dem schönen Fachwerkhaus mit Dachreiter. Vom Gasthaus aus geht es aufwärts bis zum oberen Ortsende und nach der Ortstafel mit Grünkreuz rechts auf dem Feldweg zum Wald. Im Wald führt der übersichtlich markierte Weg aufwärts, dann rechts herum abwärts durch eine größere Ackerflur und wieder durch felsigen Hochwald.
Wo der Wald endet, bleiben wir zunächst rechts am Wald, folgen dann dem Pfad rechts wieder in den Wald. Dann geht es links durch die Felsengasse und um die Felsen der Hasenleite mit dem Heidenloch, einer ca. acht Meter langen und sechs Meter breiten Felsenhalle. Dann führt Grünkreuz scharf links zum Wald hinaus und rechts zur bekannten Asphaltstraße.
Mit diesem Flursträßchen wandern wir aufwärts und im Linksbogen zur Scheune vor der Straße Achtel-Hartenstein. Hier biegen wir (mit Blaustrich) scharf rechts in

den Hartensteiner Kreuzweg, der zur Frauenbergkapelle führt, und folgen ihm aufwärts.
An der großen Lichtung macht der Kreuzweg eine Rechtskurve, hier verlassen wir ihn wieder und gehen, **ohne Zeichen,** auf dem Fahrweg links hoch. Oben, an der Bank, kommen Grünkreuz und Rotpunkt rechts vom Frauenberg her und mit beiden Zeichen wandern wir links mit dem Wegweiser „Hirtenbergrundweg" auf steilem Pfad abwärts.
Der Trampelpfad verläuft parallel mit dem weiter rechts verlaufenden Waldrand und führt dann in der Linkskurve rechts steil abwärts zum Parkplatz am Waldrand.
Dort geht es über den Parkplatz, links am Gasthaus vorbei zur Hauptstraße und dann rechts, mit Blick auf die Festungsmauern, zum Dorfplatz vor der Kirche.

Die Burg Hartenstein vom Hirtenberg gesehen

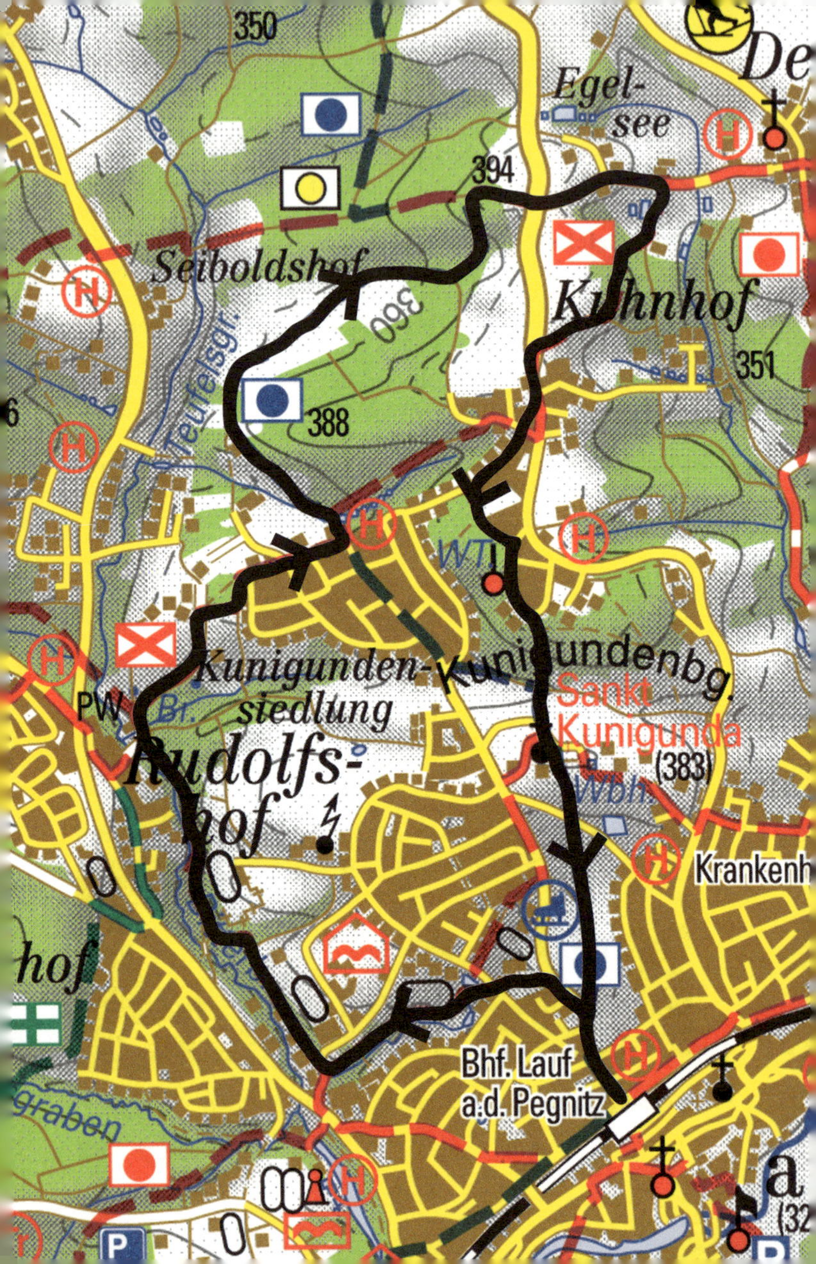
350
De
Egel-
see
394
Seiboldshof
360
Kuhnhof
351
Teufelsgr.
388
WT
Kunigunden-
siedlung
Kunigundenbg.
Sankt
Kunigunda
(383)
Wbh.
PW
Br.
Rudolfs-
hof
Krankenh
hof
Bhf. Lauf
a.d. Pegnitz
graben

12 Durch die Bitterbachschlucht zum Kunigundenberg

Start: Bhf: Lauf (re Pegn) – **Weg und Zeit:** 10 km, knapp 3 Stunden - **Einkehren:** In Kuhnhof (werktags nur ab 16.00 Uhr) oder Lauf, mit kurzem Abstecher auch in Dehnberg - **Bahnlinie:** R 3 Nürnberg-Neuhaus – **Anfahrt:** B 14 - **Parken:** An der Heldenwiese.

Bei Lauf musste sich der Bitterbach seinen Weg durch den rotbraunen Räthsandstein bahnen, dabei hat er ein besonders schönes Naturdenkmal geschaffen. Außerdem locken schöne Waldwege und tolle Aussicht. Nur kurze, nicht zu schwere Steigungen.

Lauf *ist seit 1972 Sitz der Verwaltung des Großlandkreises Nürnberger Land. Die Stadt am Unterlauf der Pegnitz erhielt ihren Namen durch den schnellen Flusslauf. „Lofe" ist mittelhochdeutsch und heißt „Stromschnelle" bzw. „schneller Wasserlauf". Kurzzeitig gab es auch ein Adelsgeschlecht „de Lofe". Die Pegnitz fällt innerhalb des Stadtkerns um über sechs Meter, was zur Folge hatte, dass sich hier Industriebetriebe ansiedelten und sich schon im Mittelalter rund 50 Wasserräder drehten. Die Arbeiter in den Eisenhämmern nannte man die Rußigen. Der alljähr-*

lich zur „Hämmernkirchweih" im September stattfindende „Eid der Rußigen" erinnert daran, dass sie im Verteidigungsfall dem Landesherrn verpflichtet waren. Ursprünglich gehörte der Ort zum bayerischen Nordgau, kam 1353 für knapp zwanzig Jahre zu dem von Kaiser Karl IV. gegründeten „Neuböhmen", das bis Nürnberg-Erlenstegen reichte. Durch diesen Landstrich führte die „Goldene Straße", der damals wichtige Verbindungsweg zwischen Nürnberg und Prag. In diese Zeit fällt die Stadterhebung und der Baubeginn des burgähnlichen Wasserschlosses auf dem Grund einer 1301/2 zerstörten Burg. Im Innern befindet sich u. a. der berühmte Wappensaal mit den 116 in Stein gehauenen farbigen Wappen der zum Hofstaat Karls IV. gehörenden Adelsgeschlechter und geistlichen Würdenträger. Von 1504 bis 1806 war auch Lauf nürnbergisch wie der größte Teil des heutigen Landkreises.

Nördlich der Bahn (gegenüber vom Bahnhofsgebäude) gehen wir mit Blaupunkt rechts hoch, kreuzen am Zebrastreifen die „Urlasstraße" und gehen auf dem linken Gehsteig die Straße „Urlashöhe" aufwärts. Oben, vor dem Parkplatz an der „Heldenwiese", verlassen wir die Blaupunktmarkierung und gehen **ohne Zeichen** geradeaus, links am Trafohaus vorbei, mit der „Hardtstraße" abwärts bis zur Haltestelle (Schule St. Kunigund), wo der „Geoökologische Lehrpfad" beginnt.

*Der 3 km lange **Geoökologische Wanderweg** ist ein abwechslungsreicher Lehrpfad mit insgesamt 27 Info- oder Schautafeln. Er beginnt an der Bushaltestelle St. Kunigund in der Hardtstraße in Lauf und führt durch die Bitterbachschlucht, durch den Eichanger und am „Christoph-Jacob-Treu-Gymnasium" vorbei zurück.*

Jetzt geht es mit Rotpunkt links, am kleinen Weiher steht schon die erste Infotafel über Weiher und Tümpel.

Auf dem „Philosophenweg“ geht es durch einen reizvollen Waldstreifen neben Gärten und einer Grabenschlucht abwärts bis zur Straße „Am Bitterbach“.
Ab hier führt Rotkreuz! Wir gehen rechts zwischen dem Eichenwald und den Wohnhäusern weiter. Im schönen Eichenwald bitte die Kinder kurz an die Hand nehmen! Es geht etwas steil über einen tiefen Graben, drüben auf den alten Baumwurzeln hoch, dann kurz abwärts und auf schönem Waldweg bis zum Bitterbach. Dort verläuft der Weg zunächst noch oberhalb, dann direkt am Wasser und auf Stegen, durch die romantische abwechslungsreiche Sandsteinschlucht.

Im Laufe von Jahrtausenden hat das Wasser hier durch den Sandstein einen Weg gegraben und ihn dabei besonders schön geformt. Dabei sind malerische Überhänge, kleine Säulen und Höhlen entstanden.

Viel zu schnell endet dieses romantische Wegstück und wir kommen zu einer Wegkreuzung vor dem Rudolfshofer Wasserhaus. Hier verlassen wir den Lehrpfad, der rechts abbiegt, und gehen geradeaus zum nahen Wasserhaus. Dort verlassen wir auch das rote Kreuz und folgen dem neu hinzugekommenen mit rotem Andreaskreuz markierten „Albquerweg“ rechts in den Brunnenweg. Es geht am Wald entlang zum Brunnen VII und dann links zwischen den Weidezäunen aufwärts.
Oben führt der etwas schmierige Weg rechts am Wald entlang, hier können wir drei Schritte in den Wald und dann rechts auf dem Waldpfad parallel mit dem rechts verlaufenden Fahrweg gehen. Am Waldeck geht es dann links, rechts die Häuser, am nächsten Weidezaun rechts und geradeaus in die „Rehfeldstraße“. Später in der Straße „Am Brücklein“ weiter bis zur Wegetafel an der Eiche. Ab hier führt uns der blaue Punkt! Es geht links in den Wald, das rote Andreaskreuz, das auf dem kürzesten

Weg nach Kuhnhof führt, verlässt uns nach Rechts. Wir gehen mit dem blauen Zeichen geradeaus noch kurz am Wald entlang, dann durch ein Waldstück und hinaus in die große Wiese. Der Feldweg führt auf zwei eng zusammenstehende Bäume zu. Aus der Nähe sehen wir dann, dass es Eichenzwillinge sind, die aus einem Wurzelstock kommen, der Förster nennt so was „Zwiesel". Beim Weiterwandern durchqueren mehrere Wasserläufe den Weg, es sind Gräben, die hier zum Be- oder Entwässern der Wiese angelegt wurden.

Wo die Wiese endet, geht es geradeaus aufwärts durch den überwiegend aus Fichten und Föhren bestehenden Hochwald. Oben, kurz bevor der Wald endet, gehen wir bei der Wegtafel mit Blaupunkt links auf dem fast ebenen Waldpfad weiter. Wir müssen durch einen Graben und stoßen etwa 300 m später an einen mit Gelbpunkt markierten Querweg.

Jetzt verlassen wir den blauen Punkt und steigen mit dem gelben Punkt rechts hoch zum Waldrand und wandern dann, mit schöner Aussicht, durch die Kuhnhofer Felder auf die Straße zu.

Links der Simonshofer Ortsteil Ziegelhütte, darüber die Lillinger Höhe. Rechts Kuhnhof und geradeaus die Dächer von Dehnberg, dahinter die Festung Rothenberg und die Felskanzel Glatzenstein. Wir kreuzen vorsichtig die Straße Bullach-Lauf und gehen geradeaus die Straße abwärts in Richtung Dehnberg.

An der tiefsten Stelle, etwa dort wo heute das Sandsteinhaus und die Scheune stehen, stand das Wasserschloss der Herren von Dehnberg. Die letzten Schlossbesitzer, Paul und Georg Ammon, wurden 1582 in Hersbruck wegen Raubritterei verurteilt und gehängt. Dehnberg, das ursprünglich Tannenberg hieß, liegt oberhalb. 1342 wurde dort, wo seit 1842 die Kirche steht, eine Kapelle der Herren von Oedenberg erwähnt. Weit bekannt ist das „Dehnberger Hoftheater".

Wir bleiben unten und gehen gegenüber von den beiden knorrigen Birken an dem Betonmast mit dem roten Andreaskreuz rechts durch die Felder zum Wald. Vor dem Wald steht links hinter den Hecken versteckt ein kleines Haus, das ein wenig an Hänsel und Gretel erinnert. Im Wald gehen wir leicht rechts aufwärts und wo der Weg eben wird, am Ende der Einzäunung rechts und dann links am Holzlager vorbei zum Waldrand. Durch die Felder an der landwirtschaftlichen Maschinenhalle vorbei kommen wir zur Straße und auf dem Radweg links nach Kuhnhof.

Etwa 100m nach dem Gasthaus geht es rechts in die „Lange Zeile". An der Wegetafel verlassen wir wieder das rote Zeichen und folgen dem mit dem DAV-Emblem markierten „Laufer Hüttenweg" links. Am Wald geht es dann links zwischen Gärten und Wald, und am nächsten Waldeck, bei der jungen Lärche, rechts. Wir können hier auch einem Pfad rechts in den Wald folgen und kommen links am 1956 errichteten Wasserturm vorbei wieder zur Straße.

Am Ende der Straße, nach den drei Garagen, geht es geradeaus in den Kiefernwald und steil abwärts. Unten am Waldrand kommt Blaupunkt von rechts und die 4 von links und mit allen Zeichen steigen wir jetzt geradeaus durch die Wiese hinauf zum Kunigundenberg.

Der Sage nach soll auf dieser Anhöhe nördlich von Lauf schon im 11. Jahrhundert ein Gotteshaus gestanden sein. Teile der heutigen Kirche stammen aus der um 1515 errichteten Wallfahrtskirche. Zehn Jahre später wurde das Gebiet lutherisch, aber erst ab 1617 gab es nachweislich hier einen evangelischen Gottesdienst. In der Nacht vom 10. auf den 11. Oktober 1910 ist das alte „Kunigundenkirchlein" bis auf die Grundmauern abgebrannt.
Fast genau zwei Jahre später, am 13. Oktober 1912, ist der heutige Bau eingeweiht worden.

Jedes Jahr am ersten Juliwochenende feiert Lauf seine „Kunigundenkirchweih“ mit Kinderfest und farbenprächtigem Festzug, den die heilige Kunigunde auf dem Pferd anführt.

Wir genießen noch zum Abschluss unserer Wanderung den Blick auf die Stadt und die sie umgebenden Höhen. Ganz links sehen wir die mächtige Houbirg bei Happurg und dann reiht sich Kuppe an Kuppe bis zum nahen Moritzberg, wo davor, auf halber Höhe, Schönberg und rechts davon Haimendorf liegen. Ganz rechts sehen wir noch den Schmalzberg, der seit der Errichtung eines Kurhauses nach 1881 „Ludwigshöhe“ heißt.
Danach steigen wir ab und wandern schnurgerade durch die freie Flur auf die Stadt zu. Die Urlasstraße abwärts kommen wir auf bekanntem Weg wieder zum Bahnhof.
Wer sich etwas die Stadt anschauen will, geht durch die Bahnsteigunterführung, links und dann rechts in die Bahnhofstraße, kreuzt an der Ampel die Saarstraße, geht rechts und dann links über den Stadtgraben. Durch das „Nürnberger Tor“ geht es zum „Marktplatz“, rechts um die Kirche und an den schön renovierten Häusern in der „Leißnergasse“ vorbei abwärts zur Pegnitz. Am Judenturm dann links an den Wasserrädern vorbei zur Brücke und geradeaus am „Glockengießer-Spital“ vorbei zur Ruine der ehemaligen Spitalkirche. Dort geht es links herum aufwärts zum Marktplatz und zum „Hersbrucker Tor“. Vor dem Tor geht es links in die „Mauergasse“ und parallel mit dem Stadtgraben um die Altstadt zurück zum „Nürnberger Tor“.

13 Zu Grabhügeln und Wallanlagen zwischen Speikern und Kersbach

Starten und parken: Wander-Parkplatz an der Straße Speikern-Kersbach - **Weglänge:** knapp 6 km - **Anfahrt:** B 14 bis Abzw. Speikern, in Speikern rechts Richtung Kersbach. **Einkehrmöglichkeiten:** In Kersbach (z. Zt. geschlossen) oder Speikern - **Bahnlinie:** R 31, Schnaittachtalbahn bis Speikern, dann mit Blaustrich zum Sportplatz - **Anschlusswege:** jeweils 2 km sind es vom Bhf. Neunkirchen a. S. mit Blaukreuz, vom Bhf. Schnaittach mit Grünstrich bis Kersbach und vom Bhf. Reichenschwand mit Grünstrich bis zum Fahrweg an der Hinteren Röd.

In den Sandgruben um Speikern wurden wertvolle Zeugnisse früherer menschlicher Besiedelung gefunden, der bekannteste Fund war die Tonplastik „Speikerner Reiterlein“. Das Pferd ist 8cm lang, am Kopf 6 cm hoch und der Reiter hat eine Höhe von 4,5 cm. Mit diesem Zeichen ist der „Archäologische Wanderweg“ markiert, er vermittelt Heimatgeschichte aus der Zeit weit vor unserer Zeitrechnung, also vor Christi Geburt. Der Weg wurde 1992 vom Heimat- und

Geschichtsverein Neunkirchen am Sand e.V. ausgearbeitet und angelegt. Einem Teilstück dieses Weges folgt die heutige Wanderung. Dabei kommen wir beim Aufstieg an einem Gräberfeld und zwei rekonstruierten Grabhügeln vorbei zu einer frühgeschichtlichen Wallanlage. Dann geht es hinunter nach Kersbach am Fuß des Rothenbergs, auf dem die große Festung steht. Auf gemütlichem Waldweg geht es dann zurück zum Startplatz nahe dem Kersbacher Sportplatz.

Speikern *lag am Rande des bayerisch- rothenbergischen Gebietes und gehörte Nürnberger Klöstern und Patriziern. Der Name kommt von „Speicher", hier standen mehrere große Getreidespeicher (Scheunen). Im Ort steht etwas erhöht die 1715 von den Müllerseheleuten Kroder errichtete „Florianskapelle".*

Von der Übersichtstafel folgen wir dem Fahrweg am Waldrand und den Sträuchern entlang und können dabei rechts über Speikern die Bergkette vom Nonnenberg bis zum Moritzberg sehen.
Beim Gittermast der Ü-Leitung biegt der Weg links in den Wald und steigt leicht. Vor der Rechtskurve zeigt eine Tafel die Lage des Grabhügelfeldes hier im Schallerholz.

Die Menschen glaubten damals, etwas von ihrem Wohlstand für das Leben nach dem Tod mitnehmen zu müssen und durch diese Grabbeigaben können wir uns heute vorstellen, wie und womit die Leute früher gelebt haben. Erste Grabungen bei diesen acht Gräbern aus der Zeit zwischen 750 bis 500 v. Chr. erfolgten schon 1832, von den gefundenen Gegenständen ist nur wenig erhalten, da hier nicht nur Fachleute gegraben haben. Wir können dem Pfad in den Wald folgen, es genügt aber, bis zum ersten, dem größten der Grabhügel zu gehen, da sehen wir das Loch, das die „Grabräuber" hinterlassen haben. Sonst ist

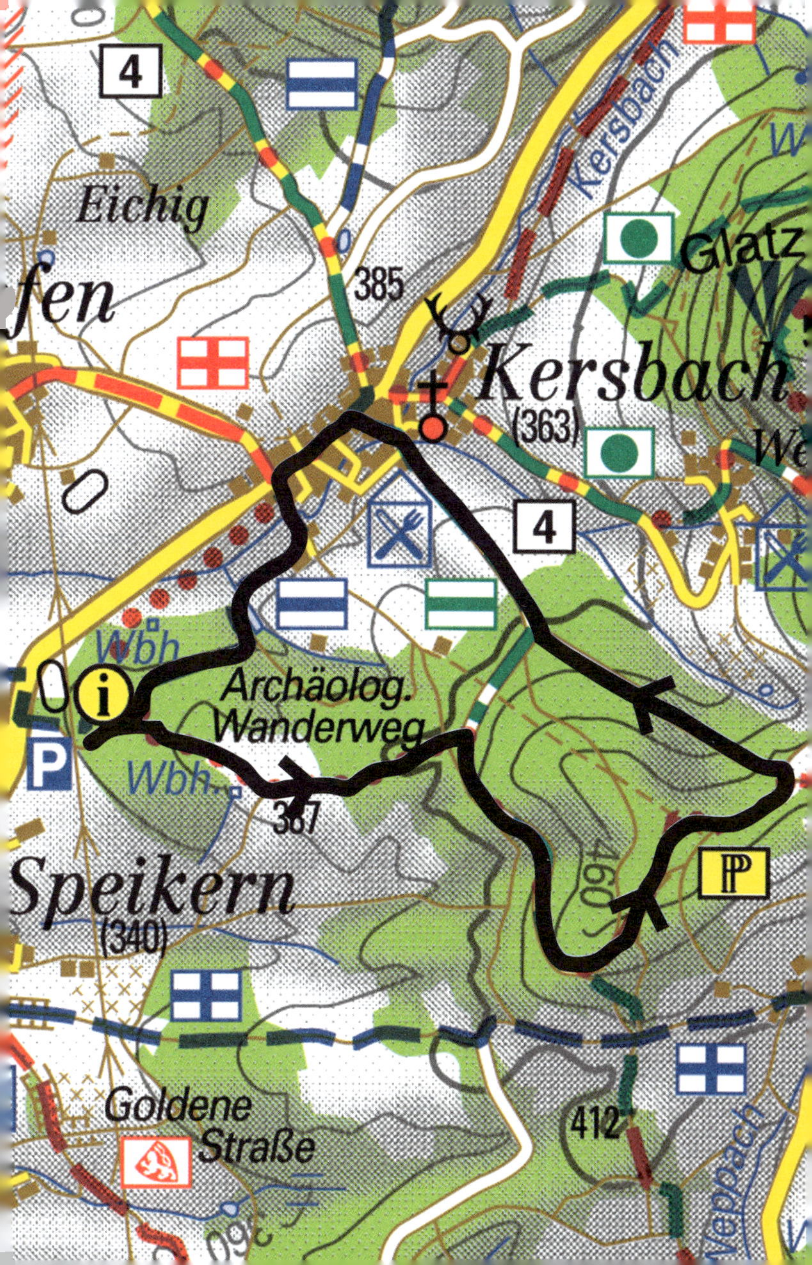

4
Eichig
fen
385
Kersbach
Glatz
Kersbach
(363)
We
4
Wbh
Archäolog.
Wanderweg
Wbh.
387
460
Speikern
(340)
Goldene
Straße
412

außer einigen Hügeln nichts mehr zu erkennen.

Leicht aufwärts weiter kommen wir auf eine größere Ackerlichtung mit dem Speikerner Wasserhochbehälter und zwei nachgemachten Grabhügeln. An einem können wir sehen, wie so eine letzte Ruhestätte innen ausgesehen hat. Von hier kann man auch über Speikern zum Moritzberg schauen. Unterhalb spitzt der Ottensooser Kirchturm aus dem Wald, auf halber Höhe liegt Schönberg vor Haimendorf.

Der Fahrweg wird zum Fußweg und bevor wir in den Wald schlüpfen, drehen wir uns noch einmal um und können über Röthenbach bis zum Nürnberger Fernseh- und Büroturm schauen.

Auf bequemem leicht steigenden Weg geht es durch den Mischwald mit teils schönen alten Bäumen. Nach einer fünfstämmigen Hainbuche kommen wir an einen Fahrweg, dort stehen Wegweiser. Hier könnten wir abkürzen und mit Grünstrich links nach Kersbach gehen.

Wer aber zum Abschnittswall will, folgt hier mit den neuen Zeichen dem Fahrweg rechts bald aufwärts. Nach ca. 300m, in der Rechtskurve, verlassen uns beide Zeichen wieder in Richtung Bahnhof Reichenschwand und der PP-Weg kommt dazu.

PP Das Reiterlein ist hier schlecht zu finden, deshalb steigen wir mit dem PP auf gelbem Grund weiter auf dem Fahrweg hoch. Nach weiteren 300 m wird der Weg etwas flacher, dann kommt eine Gabelung und es geht links weiter.

Beim Wegweiser „Wallanlage 150 m" biegen wir links ab und folgen dem stellenweise etwas nassen Weg zur 150m entfernten „Wallanlage Hintere Röd".

Man ist sich nicht sicher, ob diese spärlichen Reste einer frühmittelalterlichen Befestigungsanlage von einer Fliehburg oder einem militärischen Stützpunkt stammen. Die benachbarten Grabhügel lassen vermuten, dass sie schon

zwischen 1200 und 700 vor Chr. errichtet wurde.
Von hier müssen wir zurück bis zum Wegweiser und dort links zur nahen Lichtung gehen. Hier bleiben wir links am Wald und verlassen dann den Archäologischen Wanderweg, der auf dem Fahrweg zum Hansgörgl-Plateau hochführt.
Wir biegen links ab zu den Wegweisern, dort geht es mit der Ziffer 5 links in Richtung Kersbach bergab. Der Weg wird zum Forstfahrweg und an mehreren Jagdanständen und einem Wildfutterplatz vorbei kommen wir bei einer Jagdhütte an den mit Grünstrich markierten Weg und folgen ihm rechts zum Wald hinaus.
Mit herrlicher Aussicht wandern wir abwärts, links liegt Rollhofen, rechts davon Schnaittach, in der Mulde duckt sich Kersbach.
Darüber der Rothenberg mit Festung und rechts die Felskanzel „Glatzenstein". Ganz hinten links über Schnaittach sehen wir den langen Rücken des Hetzleser Berges und etwas weiter rechts die grüne Lillinger Höhe.

Kersbach *war ein Straßendorf mit einem befestigten Weiherhaus. Es ist eng mit der Geschichte des Rothenbergs verbunden. Die meisten der damals rund 20 Häuser gehörten den Rittern der einstigen Burg auf dem Rothenberg. Die befestigte Wohnanlage mit Weiher gehörte im 14. Jh. den Wildensteinern, die auch eine 1366 erwähnte Kapelle bauen ließen. Die heutige Kirche mit St. Georg und St. Johannes am Eingangsportal stammt aus dem 17. Jh. Vieles der kostbaren Inneneinrichtung stammt aus der Rothenberger Festungskapelle.*

Wir können gleich vor dem Ort links mit dem Feldweg auf die große Scheune zu wandern oder im Ort vor dem Spielplatz rechts zur Kirche gehen.
An der Hauptstraße gibt es aber allerhand Interessantes zu sehen und deshalb können wir nach dem Kirchen- oder Spielplatzbesuch zurück und mit Grünstrich über

den Steg auf dem Fußweg zur Dorfstraße gehen.
Dort steht, gegenüber dem Brunnen, eine besonders große Wirtshauslinde, die 1648 als Friedenslinde gepflanzt wurde. Diese Linden nannte man früher auch „Tanzlinden“, denn im Schatten der außergewöhnlich breiten Krone wurde früher gefeiert und getanzt. Mehr über diesen Baum steht auf der Tafel an der Hauswand.

Jetzt folgen wir links der Dorfstraße an stattlichen Bauernhäusern vorbei bis kurz vor das Ortsende. Nach dem „Paulsenweber“, vor dem niedrigen „Wagner-Haus“, geht es links ab und über den Bach.
Links im Wagenschuppen stehen interessante, teilweise historische Vehikel und Geräte, darunter auch eine Dreschmaschine und ein Bierwagen. An der Maschinenhalle lehnt das riesige Wasserrad der ehemaligen Laufer Barthmühle.
Jetzt führt wieder das Reiterlein! Wir müssen hier rechts, an der großen Scheune entlang zum Wald. Dort geht es links zwischen Karpfenweiher und Wald durch und dann rechts in den Wald.

Wie weiß man, ob es ein Karpfen- oder Forellenweiher ist? Im Forellenweiher ist das Wasser klar und wir können auch die Fische schwimmen sehen. Das Wasser im Karpfenweiher ist meist trüb und undurchsichtig, weil die Karpfen im Grund wühlen und nach Nahrung suchen.

Jetzt folgt noch eine gemütliche Wanderung auf ebenem, breitem Weg durch teilweise dichten Wald bis zum Sportplatz und durch den Eichenwald zum Wanderparkplatz.

14 Um die Festung auf dem Rothenberg

Start: Parkplatz am Rabenshofer Kreuz - **Weglänge:** 3 km, eine Stunde - **Einkehren:** Auf dem Rothenberg oder in Schnaittach. - **Anfahrt:** A 9 Nbg-Berlin, Ausf. Schnaittach oder B14 Abzw. Neunkirchen a. S. von Schnaittach die „Festungsstraße" aufwärts - **Parken:** Parkplatz am Rabenshofer Kreuz, zwischen Schnaittach und Rabenshof.

Bei Schnaittach steht auf dem 561 m hohen Rothenberg, das größte und wohl auch wunderlichste Bauwerk unserer engeren Heimat: Eine vom ehemaligen Kurfürstentum Bayern errichtete riesige Sechszackfestung. Auf der vorgeschlagenen gemütlichen Kurzwanderung, die um diese mächtige Anlage herum führt, finden sich auch noch Spuren von zur Festung gehörenden Außen-Anlagen.

Das „Rabenshofer Kreuz" hier am Parkplatz wird auch das „Rote Kreuz" genannt. Es wurde mit den beiden Linden 1952 in die Liste der Naturdenkmäler aufgenommen. Die „Rote Bärbel", eine rothaarige Marketenderin (das waren Frauen, die ihre Waren, besonders Lebensmittel, Getränke und was so gebraucht wurde, an die Soldaten verkauften), wurde hier einmal beinahe vom Blitz getroffen. Weil sie unverletzt blieb, pflanzte sie später hier zwei Linden und ließ dazwischen ein Kreuz errichten.

Der Hauptweg führt geradeaus hoch zum Festungseingang. Wir aber gehen am Parkplatzende, an der Tafel mit den Öffnungszeiten, links und den Waldweg rechts aufwärts. Es geht durch die Sandsteinschicht und dann, die Wiese zur Linken, am Waldrand entlang. Hier im Wald gibt es noch einen kleinen Weiher bzw. Tümpel.

Das war früher der „Waschweiher", da stand ein Waschhaus und die Frauen haben dort die Wäsche geschrubbt und dann im Wasser gefleit (gespült).
Als die Festung mit allen verwertbaren Gebrauchsgegenständen und Gebäudeteilen verkauft wurde, durfte der Bewohner des Waschhauses noch einige Monate bleiben. Das steht in einem Protokoll des Königlichen Rentamts Hersbruck vom 21. Juli 1839. (Rentamt hieß früher das Finanzamt).

Weiter geht es am Waldrand entlang und dabei entdecken wir im Wald vielleicht noch einige Mauerreste. Auf alten Zeichnungen sind hier noch kleinere Gebäude, vielleicht Gesindehäuser, zu erkennen.
Am Fichtenwald kommt der mit Rotstrich markierte „Frankenweg" von Siegersdorf herauf und mit ihm geht es durch den Hangwald hoch zur Ecke des Bollwerks „Max Josef". Das wurde zum Schutz für den „Schneckenbrunnen", der sich auch außerhalb der Festung befand, gebaut.

Der „Schneckenbrunnen" sorgte für das Trinkwasser der Festungsbewohner. Eine schneckenförmig in den Untergrund führende Treppe endet nach ca. 58 Stufen am Wasser. Dort wird in einem nicht begehbaren Quergang das

ühle
5
542
2
6
Tr
P
VAITTACH
En
P
5
482
Fürstenbr.
Wbl.
Rabens-
hofer Kreuz
F
Rothenberg
Le
F
F
4
555
Schneckenbr.
3
N
561
6
Ruine
Rothenberg
U
ersbach

Wasser von mehreren Quellen gefasst und in eine Zisterne (in die Erde eingelassener Auffangbehälter) geleitet.

Der Frankenweg führt jetzt aufwärts an der Bastion Karl und dem Schneckenbrunnen vorbei zum Kassenhaus auf dem „Ravelin", einem keilförmigen Bollwerk vor der Festung.
Die Festung können wir später besuchen, jetzt folgen wir dem Wegweiser „Festungsfriedhof" mit dem roten Andreaskreuz auf fast ebenem Weg am Schutzzaun entlang.

Rechts die Bollwerk-Mauer wurde noch ohne Mörtel errichtet. Wie haben sich die Menschen damals plagen müssen, um diese riesigen mit der Hand geschlagenen Kalksteinblöcke vom Steinbruch hierher zu schaffen und dann zu einer Mauer zu schlichten, die Sturm und Wind aushalten musste.

Wir folgen jetzt, in sicherem Abstand, der eigentlichen Festungsmauer ab der „Bastion Karl" hier an der Nordostecke. Der nächste Vorsprung an der Festung ist die etwas kleinere „Bastion Glatzenstein" in der Mitte der Ostwand.

Hier in etwa befand sich der Auslauf der Kanalisation, deren Abwässer die unterhalb liegenden Felder und Wiesen mit willkommenem Dünger versorgten.
Hinter der Mauer sind die Kasematten, große unterirdische Gänge, die mit ihren großen Schießscharten zur Verteidigung der Festung dienten. Die eigentlichen Kasernengebäude und der Exerzierplatz befanden sich oben auf dieser riesigen Festung.

Dann zeigt ein Wegweiser links nach Kersbach. Hier geht es kurz abwärts und am nächsten Wegweiser rechts mit Ziffer 5 zum nahen Festungsfriedhof.

Es ist nur ein kleiner Teil, den der Heimatverein Schnaittach hier wieder hergestellt hat. Über 1000 Menschen hatten hier ihre letzte Ruhestätte gefunden. Der letzte, der hier begraben wurde, war ein wohnungsloser Kersbacher Lehrer, der in der aufgelassenen Festung hauste.

Vom Friedhof aus wandern wir geradeaus weiter und kommen wieder an den Hauptweg. Mit ihm geht es über einen Bachlauf, der links vom Weg in einen Tümpel mündet.

Das ist die ehemalige „Rossschwemme", wo die Pferde gewaschen und abgebürstet wurden.

Im Weitergehen kommen wir, unterhalb der „Bastion Kersbach" (Südostecke), an einen kleinen Grenzstein. Hier links unterhalb auf dem größeren ebenen Platz, stand das Pulvermagazin und Stallgebäude. Der Posten konnte bei Gefahr über einen Drahtzug oben auf der Festung Alarm auslösen.

Warum befanden sich Waschhaus, Rossschwemme mit Pferdeställen und Pulvermagazin außerhalb der Festung? Das waren Anlagen, die viel Wasser brauchten und dafür wurden die natürlich vorhandenen Quellen genutzt. In der Festung war Wasser viel zu wertvoll, es musste ja aus dem 70 m tiefen Brunnen oder aus dem Schneckenbrunnen geholt werden. Das Pulvermagazin wurde wegen der Explosionsgefahr nach Außen verlegt.

Dem Hauptweg abwärts folgend (Blaustrich kommt von links dazu), erreichen wir das Waldende. Hier steht noch der Rest der Skisprungschanze, die 1970 einem Erdrutsch zum Opfer fiel. Am Naturfreundehaus führt das Andreaskreuz abwärts nach Schnaittach.

__Schnaittach,__ der Marktflecken am Fuße des Rothenbergs, war Hauptort der von reichsstädtisch-nürnbergischem Gebiet umschlossenen Herrschaft Rothenberg. Als „shneitaha“ erstmals 1011 erwähnt, wurde hier 1661 ein churbairisches Pflegamt für 63 Orte zwischen Hormersdorf und Ottensoos eingerichtet. Hinter dem Barockschloss liegen drei alte jüdische Friedhöfe. In der ehemaligen Synagoge ist heute das jüdische Regionalmuseum untergebracht. Das Langhaus der katholischen Pfarrkirche St. Kunigund wurde bei der Erweiterung 1933 quergestellt, so blieb der aus dem 15. Jh. stammende Turm und, als Seitenkapelle, der alte Chor erhalten. In der Nürnberger Straße steht der auch „Nagler-Haus“ genannte schöne „Kolbmannshof“, eine ehemalige Gastwirtschaft, in der bis zum Bau der Christuskirche im Jahr 1892 die evangelischen Gottesdienste abgehalten wurden.

Wir folgen kurz der Straße mit der schönen Aussicht auf Schnaittach und die Umgebung mit der Brücke, auf der die Autobahn das breite Schnaittachtal überquert.

Sie wurde zwischen 1995 und 1998 errichtet und kostete 100 Million DM. Sie war mit 1288 m Gesamtlänge die zweitlängste Brücke Bayerns. 26,6 mal 8 m starke, 30 bis 40 m hohe sich nach oben verjüngende Hohlpfeiler tragen diese Brücke.

Nach dem Gasthaus steigen wir mit Rotstrich (Frankenweg), Ziffer 3 und 5 rechts die Treppen hoch. Der steile Stufenweg kreuzt weit oben einen Querweg, diesen Punkt müssen wir uns merken, hier links geht es nach dem Burgbesuch weiter. Zunächst aber gehen wir halbrechts weiter aufwärts zum Festungsgraben an der „Bastion Amalie“, mit Blick auf die 2001 originalgetreu neu errichtete Holzbrücke, zwischen Ravelin und Festungseingang.

Dann steigen wir links hoch und auf durch Geländer gesichertem Weg wieder in den Wald. Zur Rechten der tiefe Graben, der das „Ravelin", auf dem heute das Kassenhaus steht, schützte.

Auf dem ***Rothenberg*** *stand einst eine Burg der Wildensteiner, die im Erbfolgekrieg (1504) zerstört wurde. Zu dieser Burg gehörte auch eine kleine Stadt, die auf dem nördlichen Teil des Berges stand und schon 1478 abgebrannt ist. Um 1641 kamen der Berg und das dazugehörige Landgebiet über eine Gemeinschaft von 44 Rittern in bayerischen Besitz. An Stelle der Stadt entstand dann der Steinbruch, aus dem die Bayern das Material für den Festungsbau holten. So entstand mitten im Nürnberger Territorium ein bayerischer Militär-Stützpunkt mit zeitweilig 400 Soldaten. Heute bemüht sich der Heimatverein Schnaittach zusammen mit der bayerischen Schlösserverwaltung um den Erhalt der Anlage. Führungen Dienstag bis Sonntag, von Ostern bis Ende Oktober.*

Vom Kassenhaus können wir mit rotem Andreaskreuz dem Hauptweg links abwärts zum Parkplatz folgen.
Schöner und bequemer ist es, wenn wir zurückgehen bis zu dem Punkt, wo der Stufenweg links abwärts führt.
Hier folgen wir **ohne Zeichen** dem vorhin gekreuzten Weg geradeaus. Auf teilweise etwas verwachsenem Weg geht es eben durch Wald, immer zur Rechten der Steilhang, auf dem oben früher die kleine Stadt stand. Nach der Rechtsbiegung trennt uns noch eine Heckenreihe von der großen Wiese, dann stehen wir am Fahrweg, der uns abwärts zum Parkplatz bringt.

In der Löwengrube

Eingang zur Kegelbahn

In der Schwarzachklamm

FEUCHT
(360)
PW
Wbh.
371
Br.
Forst
380
Dreibrü
418
8
371
Kirchbühl
387
367
Schwarzen-
(365)
Frdh.
NSG
4
356
385
Raststätte
Nürnberg-Feucht
Brückenkanal
Gsteinach
3
bru
Karlshöhle
Kläranl.
NSG
3
1
NSG
El.Wk.
Gustav-Adolf-
Höhle
376
2
373
Dürrenwöhr
371
2
Eisenschlag
Langfirst
393
Ludwig-D
Grün-
brünnlein
396

15 Durch die Schwarzachklamm

Parken und starten: In Schwarzenbruck am Faberwehr in der Dürrenhembacher Straße oder beim Sportplatz am Moor. – ***Anfahrt:*** B 8 von Feucht oder von Altdorf über Burgthann - **Weglänge:** ca. 6 km - ***Einkehren:*** In Schwarzenbruck und am Brückkanal (Mo-Ruh) - **Bahnlinie:** R 5, Nürnberg-Neumarkt – **Bahnfahrer** folgen vom Bahnhof Ochenbruck der Blaupunktmarkierung durchs Wohngebiet am Frauenfeld, unter der B 8 durch und im Wiesengrund dann mit dem blauen Kreuz rechts, am Fluss entlang.

Bei Schwarzenbruck musste sich die „Schwarzach" auf zwei Kilometer Länge durch den rosaroten Burgsandstein arbeiten und hat dabei wahre Kunstwerke geschaffen. Diese Naturdenkmäler und einen Teil des dort verlaufenden „Wasserwirtschaftlichen Lehrpfads" lernen wir auf dieser Route kennen. Der Rückweg verläuft ein kurzes Stück unmittelbar am Abgrund, da sollten Kinder bis zu fünf Jahren unbedingt an der Hand geführt werden. Man kann allerdings auch links daneben auf dem Fahrweg bleiben.

Schwarzenbruck *lag an einem alten Handelsweg zwischen Nürnberg und Regensburg. Im „Petz`schen Schloss" weilte schon 1025 König Konrad II, bevor er Kaiser wurde. Das schräg gegenüber stehende Faberschloss ließ der Bleistiftfabrikant Freiherr von Faber erst im 19. Jh. errichten. Der Ortsteil „Ochenbruck" erhielt seinen Namen von der hohen Brücke (hochen Bruck).*

Bis zum Brückkanal führt das blaue Kreuz. Wir gehen am Faberwehr über die Schwarzachbrücke, links den Hirtenweg hoch, wieder hinunter zum Fluss und über den Steg. Dann rechts am Wald entlang und wenig später wieder über die Schwarzach.
Hier kommt der Fußweg rechts vom Parkplatz am Sportplatz. Jetzt folgen wir dem Weg neben dem Fluss geradeaus und schon sehen wir die ersten eigenartig geformten rotbraunen Felsen der seit 1936 geschützten Klamm.
Dann wird es noch mal heller und über ein verlassenes Industriegelände, mit Spuren der ehemaligen Fabrikhalle an den Felswänden, kommen wir nach einer Halbhöhle in die „Gustav-Adolf-Höhle".

An der Höhlendecke steht der lateinische Satz „HIC FUIT A MDCXXXII" das heißt: „Hier war er 1632". Mehr darüber sagt uns die Kupfertafel an der Höhlendecke.

Nach dem Felsentor geht es an Felswänden und einem mehrstöckigen Sandsteinhaus entlang den Treppensteig hoch zur Straße und mit dieser links. Beim Schild (Fuß- und Radweg) steigen wir links ab und kommen am Kraftwerk vorbei wieder zur Schwarzach.
Es wird immer romantischer, in der bis zu 20 Meter hohen Sandsteinschicht hat die Schwarzach durch wechselnde Wasserstände und damit verbundene Ausspülungen schöne Felsformen geschaffen. Mit etwas Phantasie können wir hier manch Tiergestalt erkennen, z. B. ein

Krokodil, eine Nilpferdschnauze oder auch Koboldgesichter.

Der Fels gegenüber heißt „Echofels", weil sich hier der Schall des Wasserfalles bricht. Die Angler nennen ihn „Triefender Fels", weil er durch den entstehenden Wasserdunst immer etwas nass ist und das Wasser unten abtropft.

Wenig später, am Abfluss der mechanisch-biologischen Kläranlage, erzählt eine Tafel etwas über die Wasserqualitäten und etwas später überquert eine Holzbrücke die Schwarzach. Sie versteckt ein 1985 über die Schwarzach verlegtes Kanalisationsrohr. Gleich danach geht es durch ein Felsentor in die „Karlshöhle", in der eine Quelle entspringt, und dann spazieren wir auf gebrettertem Steig über dem Wasser um die Felswände und im Schatten hoher Fichten mit oft sonderbaren Wurzelformen weiter. Nach längerer Waldwanderung kommen Verkehrsgeräusche näher und bald geht es rechts an einer Quelle vorbei aufwärts und oben links, durch den Biergarten am einstigen Kantinenhäuschen vorbei, zur Kanalbrücke.

Brückkanal *heißt diese aus Sandsteinquadern gebaute Bogenbrücke, die hier den Kanal in ca. 25 m Höhe über die Schwarzach trägt. Das 1839 bis 1841 errichtete, 90 m lange, 6,2 m breite und über 20 m hohe Bauwerk galt damals als Prunkstück des „Ludwigskanals".*

Der diesseitige Treidelweg, auf dem früher die Pferde liefen, die die Lastschiffe gezogen haben, ist als Radweg ausgeschildert, deshalb gehen wir über den Holzsteg und drüben links am Kanal entlang. Wir kommen am „Grundablass" vorbei, wo früher das überflüssige Wasser vom Kanal abgelassen wurde. Dann biegt Blaukreuz rechts ab und wir folgen, **ohne Markierung,** dem alten

Wasserweg an der Schleuse 59 vorbei zur Schleuse 58 und gehen dort über die alte Kanalbrücke.

Der „Ludwigskanal", der als Schifffahrtstraße die Donau mit dem Main verband, wurde im zweiten Weltkrieg so schwer zerstört, dass er nicht mehr benutzt werden konnte. So wurden die meisten Schleusentore durch Mauern ersetzt, über die jetzt das Kanalwasser stürzt. Der Kanal gehört heute den Radlern, Wanderern und Anglern. Bei Schwarzenbach können wir noch ein Stück in einem von Pferden gezogenen Kanalschiff fahren. Hier an der Schleuse 58 (die insgesamt 100 Schleusen wurden von Kehlheim aus gezählt) wurden die hölzernen Schleusentore erneuert, um die Funktion einer solchen Staustufe verständlicher zu machen. Eine Tafel sagt uns noch mehr darüber. Da erfahren wir auch, dass Karl der Große schon im Jahre 796 eine solche Verbindung zwischen Main und Donau schaffen wollte.

Jetzt geht es mit dem Fahrweg vom Kanal weg in den Wald. Nach wenigen Metern mündet ein vom Brückkanal kommender Weg ein und es geht rechts herum. Ca. 500 Meter wandern wir jetzt auf dem ebenen Fahrweg geradeaus, dann zweigt ein Weg links in den Wald ab. Diesem Weg können wir folgen, er führt unmittelbar am Abgrund entlang. Bitte unbedingt rechts auf dem Weg bleiben und kleinere Kinder lieber an der Hand führen! Links stürzen die Felshänge über 15 Meter senkrecht ab. Wenig später sind die gefährlichsten Stellen zwar durch Geländer gesichert, die aber nicht für Kinder unter 60 cm geeignet sind.
Während wir hier wandern, können wir immer gegenüber die vom Herweg bekannte Felswand bei der Karlshöhle sehen. Dann kommt der Steig von der 1985 errichteten Holzbrücke herauf und wir umgehen mit dem Fahrweg einen alten Steinbruch.

Wo die Ü-Leitung kreuzt, geht es links und bald auf gesichertem Weg links zu einer Sitzgruppe, die direkt auf dem Echofels steht. Von hier sehen wir tief unten das Kraftwerk und den Wasserfall.
Beim Weiterwandern tauchen drüben die ersten Wohnhäuser auf und wir können vorsichtig noch einen Blick hinunter zur Gustav-Adolf-Höhle wagen.
Bei der nächsten Bank könnten wir links steil abwärts zum Schwarzachsteg und drüben dem bekannten Weg zum Parkplatz am Moor folgen. Der hier rechts abbiegende Weg führt zum Parkplatz oberhalb des Trafohauses an der Dürrenhembacher Straße.
Schöner ist es aber, wenn wir jetzt rechts neben der Bank geradeaus dem Fitness-Parcours folgen und auf dem durch Geländer gesicherten Pfad absteigen. Da sehen wir drüben noch die Felsbastionen am Eingang zur Schwarzachklamm und den Sportpark am Moor. Der schöne Waldweg verflacht bald und wir stehen am bekannten Weg, dem wir jetzt rechts zum Faberwehr folgen.
Vor der Insel, die Freiherr Faber-Castell der Gemeinde als Festplatz gestiftet hat, erklärt eine Tafel die Uferbefestigung. Links im kleinen Wasserkraftwerk läuft eine Turbine, die über zwei Generatoren Elektroenergie erzeugt. Das „Faberwehr“ an der Schwarzachbrücke regelte einst den Wasserzufluss der Fabermühle.
Zum Petz`schen Schloss geht es über die Schwarzach und halbrechts auf einem Treppensteig hoch. Rechts vor dem Schlosshof stehen noch die Häuser der ehemaligen Knechte, Diener und des Schlosswärters.

Schloss Schwarzenbruck, *auch Petz`sches Schloss genannt, steht auf einem von der Schwarzach umspülten Sandsteinfelsen. Über dem Schlossportal sehen wir die drei Bärentatzen, das Wappen der Herren Petz von Lichtenhof.*

Wer zum Bahnhof will, geht unten zwischen Schloss und Schwarzach weiter und folgt dann der Blaupunktmarkierung, die rechts vom Faberschloss kommt.

Kurzwanderung

Die Wassermassen der Schwarzach, die sich vor der mächtigen Sandsteinbarriere stauten, bevor es ihnen gelang, sie in Jahrtausende währender Arbeit zu durchbrechen, formten hier eine schüsselförmige Senke. Vom allmählich verlandeten See blieb nur ein kleiner Rest. Dieses Flachmoor ist in unserer Gegend einmalig. Es bietet ein vielgestaltiges Pflanzenleben und ist ein Paradies für Vögel, Kriechtiere und Wasserbewohner.

Vom Parkplatz am Moor bietet sich ein kleiner Rundweg (ca. 30 Minuten) um das „Schwarzenbrucker Moor“ an. Dazu gehen wir mit der Straße vom Sportplatz weg und vor dem Wohngebiet links. Dann folgen wir dem Pfad, immer zur Linken das Moor, bis zum Treppensteig, der dann abwärts zum Sportplatz und Parkplatz führt.

16 Zur Löwengrube und Teufelskirche

Start: S-Bahnhof Altdorf – **Weglänge:** ca. 5 bzw. 8 km – **Bahnlinie:** S 2 Nürnberg-Altdorf - **Buslinien:** 333 von Lauf oder 331 von Röthenbach - **Parken:** am Mühlweg, in der Pfaffentalstraße oder in Grünsberg - **Einkehrmöglichkeit:** in Altdorf und Grünsberg (Mo+Die–Ruh).

Diese sehr abwechslungsreiche Wanderung ist keinesfalls für Kinderwagen geeignet! Bitte auch nicht bei schlechtem Wetter oder Frost und Schnee gehen! Wir kommen zu interessanten Sandsteinhöhlen und wildromantischen Schluchten nahe der Stadt Altdorf. Bitte feste Schuhe und die Taschenlampe nicht vergessen.

Altdorf *ist aus einem Königshof entstanden, wurde 1387 Stadt und hat seit 1878 eine Bahn (jetzt S-Bahn) nach Nürnberg. Der Stadtkern mit alten Bürgerhäusern, zwei Tortürmen und Resten der ehemaligen Stadtbefestigung ist sehr interessant.*

Vom S-Bahnhof geht es mit der Markierung Rotkreuz aufwärts, auf der Querstraße kurz rechts und dann links in die „Röderstraße“. Vorbei am ehemaligen Amts-

gericht mit dem schönen Sandstein-Portal und durch ein Baumtor, das aus zwei zusammen gewachsenen Eschen entstanden ist, kommen wir zum „Steffeleinsweiher", wo früher die Frauen die Wäsche gewaschen haben.
Am „Oberen Tor" kreuzen wir vorsichtig die Straße und sind am „Rossweiher". Im Teich, dem heute eine Wasser-Fontäne entspringt, standen früher die Stallknechte mit ihren Pferden, um sie zu bürsten und zu waschen.
Jetzt geht es im Mühlweg geradeaus zum Feuerwehrhaus. Aufpassen! Hier biegen die Markierungen rechts ab. Wir dürfen hier nicht mit der Ziffer 3 rechts abbie-
3 gen, sondern bleiben im Mühlweg und folgen der Ziffer 3 auf Grün geradeaus weiter. Später müssen wir vorsichtig die Pfaffentalstraße kreuzen und es geht mit der Straße abwärts in Richtung Prethalmühle.
Wenige Schritte nach der Autobahnunterführung gehen wir scharf links hoch zur Bank und dort rechts durch die Wiese hinüber zu der Baumbuschreihe.
Hier geht es wieder rechts abwärts durch die Wiese und an Obstbäumen vorbei hinunter zum Wald. Dort führt ein schmaler steiler Steig in eine finstere Sandsteinschlucht.

Es ist ein alter Steinbruch, aus dem die Steine zum Bau des Universitäts-Gebäudes von Altdorf geholt wurden. Später haben sich hier gerne die Studenten getroffen. Links in den Nischen der Höhle saßen sie oft fröhlich bei Bier oder Wein zusammen und den Felsengang mit den seitlichen Öffnungen benutzten sie als Kegelbahn. Baron von Löwenstein, dessen Sohn in Altdorf die Universität besuchte, hat hierfür auch Geld gegeben, deshalb ist es seit 1686 die ***„Löwengrube".***

Wir gehen durch die ehemalige Kegelbahn und kommen noch an einer kleineren, hinter Holzhaufen versteckten Höhle vorbei zur Straße.

Röthenbacher Holz
UW
415
2
440
1
Br.
H
Bhf.
Altdorf
ersheim
2
Au
H
T
FA
Vbh.
Fallhaus
Altdorf-Burgthann
90
Krankenhs
chlag
4
P
449
hof
Teufelskirch
4
H
3
Pracken-
fels
416
3
4
4
451
Skipiste
Teufels-
höhle
4
417
Wbh.
Lochmannshof
388
3a
Prethal-
mühle
Jakobs-
weg
Sophien-
quelle
Heinzelberg
453
Teufelsgraben
Westhaid

Das Fachwerkhaus, das wie ein „Knusperhäuschen“ aussieht, steht am Eingang zu zwei langen Sandsteingängen, in denen die ehemalige Altdorfer Brauerei Auer ihr Bier kühl lagerte, als es noch keinen Kühlschrank gab. Im Häuschen befindet sich auch noch die alte Trinkstube.

Mit der Straße abwärts kommen wir zur Prethalmühle.

Der Backsteinbau ist das eigentliche Mühlengebäude, am Fachwerkhaus steht über der Haustüre die Jahreszahl 1643. Die Prethalmühle gab es aber schon im Jahr 1360.

Wir kommen jetzt an die Schwarzach.

Es ist der zweite große Fluss unseres Landkreises. Der hat seine Quelle am Tyrolberg bei Neumarkt und ist 60 Kilometer unterwegs, bis er bei Schwabach in die Rednitz mündet.

Wir gehen nicht über die Brücke, sondern auf der Straße aufwärts zum „Hermann-Ehlert-Haus“.

Dieses evangelische Jugendheim ist aus dem Bauernhof der Familie Lochmann entstanden und deshalb heißt die Straße hier „Lochmannshof“.

Gleich oberhalb der Jugendtagungsstätte folgen wir dem mit weißer Muschel auf blauem Grund markierten Jakobsweg links und wandern auf dem Fahrweg entlang der Schwarzach, die links von uns ihre Mäander (Kurven) tief in den sandigen Boden gefressen hat.
Der bequeme Weg führt an einem Geflügelgehege vorbei und streift bald den Hangwald. Dann erinnert links vom Weg ein Stein mit Stahlhelm an einen jungen deutschen Soldaten, der hier noch in den letzten Tagen des Zweiten Weltkrieges erschossen wurde.
Dort geht es in den Wald mit schönen alten Bäumen. Nach einer Bank kommt die Ziffer 4 von Altdorf her und

mit diesem Zeichen geht es auf dem unteren Weg rechts in die romantische Waldschlucht.
Nach dem „Emilsbrunnen“ überqueren wir auf Steinen den Forresbach und dann geht es in der Seitenschlucht steil aufwärts. Genau neben dem Schloss Grünsberg kommen wir an die Straße.

Es war keine Trutzburg, eher eine Versteckburg im Wald. Im Vorhof steht das Verwalter- und Pächterhaus mit Uhr- und Glockentürmchen. Hinter dem Tor steht das dreigeschossige Herrenhaus mit hohem Giebel, zierlichen Türmchen. Den Torturm ziert das Wappen der Familie Paumgartner, Dieses Schloss, das zuletzt der Familie Stromer gehörte, wurde schon im Jahr 1199 als „Burg im Grunde“ erwähnt.

Jetzt müssen wir kurz neben der Grünsberger Hauptstraße aufwärts gehen und biegen dann rechts in die Straße „Am Doktorbrunnen“.
(Der Weiterweg war im Sommer 2011 durch Erdrutsche fast nicht begehbar. Sollte er gesperrt sein müssen wir mit Ziffer 4 die Straße aufwärts und oben bei der Bushaltestelle rechts ab gehen, dann kommen wir von Oben zur Teufelskirche).
Es geht jetzt in eine der schönsten, vielleicht abenteuerlichsten Braunjuraschluchten des Altdorfer Landes. Bald liegen riesige Sandsteinblöcke am Hang und im Grund und dazwischen plätschert das Bächlein. Es geht Steige aufwärts und abwärts und viel zu bald stehen wir am Schluchtende vor der „Teufelskirche“, über die das Wasser herunterrieselt.

Im Jahr 1529 wird vom „Perckwerk teuffelskirchen“ berichtet, die Leute glaubten hier Kohle zu finden, es war sogar von Silber die Rede. Der Sage nach soll hier ein Burgthanner Ritter, weil er sonntags jagte, vom Teufel geholt worden sein.

Jetzt gehen wir links den mit Geländer gesicherten Treppensteig hoch und oben rechts über den Steg und dann auf breitem Weg links. Nach knapp 200m müssen wir rechts abbiegen und den teils mit Stufen versehenen Weg aufwärts gehen.
Oben, wo der Wald endet, geht es mit dem Fahrweg am Gittermast vorbei zur Straße. Mit der Straße müssen wir links unter der Autobahn durch und später rechts in die Pfaffentalstraße. Dann geht es links auf dem Feuerweg zum Feuerwehrhaus und auf bekanntem Weg zum Bahnhof oder Parkplatz.

Abkürzung:

Drei Kilometer kürzer ist die Wanderung, wenn wir, oberhalb der Prethalmühle an der Jugendtagungsstätte, mit der Ziffer 3 geradeaus steil die Straße hoch in die Ortschaft Prackenfels und dort oberhalb der ehemaligen Gaststätte rechts ab gehen.

In Prackenfels stand eine Burg, die einmal den Waldstromern und dann den Hartern von Rasch gehörte. Die „Waldstromer“ waren eine Nürnberger Patrizierfamilie, die eigentlich „von Stromer“ hieß, da sie aber für den Wald um Nürnberg herum verantwortlich waren, nannten man sie die „Waldstromer“. Von der im Jahr 1504 zerstörten Burg sieht man heute nichts mehr.

Zunächst führt uns ein ebener Weg zum Wald und dann ein Pfad oberhalb einer tiefen Schlucht entlang. Später geht es auf einem durch Geländer geschützten Steig abwärts und wieder etwas hoch.
Dann endet der Wald und der Blick wird frei auf den mächtigen 27 Meter hohen Viadukt, der seit 1970 hier die Autobahn Nürnberg-Regensburg über das liebliche Pfaffental trägt. Viadukte sind oft auch mehrstöckig.
Am Waldrand entlang und dann links an einigen Hecken vorbei kommen wir zur Brücke und rechts über einen

kleinen Holzsteg zu dem mit Rotkreuz markierten Weg, dem wir dann aufwärts unter der Brücke durch folgen. Oben kreuzen wir die Pfaffentalstraße und kommen zum Feuerwehrhaus am Mühlweg.

Am „Hohlen Fels“ auf der Houbirg

343
Wbh.
380
Bocksberg
Bhf. Pommels-
brunn
400
Kieselmühlbg
Wbh.
Keltischer
Ringwall
570
Reckenberg
486
Houbirg
Eichelberg
556
Arzlohe
617
UW
El.Wk.
Happurger
366
Hohler
Fels
598
533
Weider

17 Zum Hohlen Fels und Keltenwall

Start: S-Bhf. Happurg – **Ziel:** S-Bhf. Pommelsbrunn **Weglänge:** ca. 7 km - **Einkehren:** in Pommelsbrunn - **Anfahrt:** B 14 über Hersbruck, Ausfahrt Happurg-Lauterhofen - **Parken:** P- Baggersee nahe dem S-Bhf.

Auf der Houbirg, der Name kommt von „hoher Berg“, gab es schon vor 2500 Jahren, vielleicht auch noch früher eine Menschensiedlung, die durch eine Mauer rings herum vor Feinden und auch wilden Tieren gesichert war. Diese Mauer bestand aus zwischen Holzstämmen gelagerten Steinen, so ähnlich wie man heute beim Betonieren vorgeht. Diese Holzverschalung ist natürlich inzwischen längst verfault, die Steine sind liegen geblieben und so ist von dieser frühgeschichtlichen Befestigungsanlage heute nur noch ein Steinwall übrig, der natürlich auch schon von Erde bedeckt ist. Diesen Wall und eine mächtige Felsenhöhle an der Südwestkante der Houbirg, in der vielleicht sogar schon die Jäger der Eiszeit hausten, werden wir auf dieser nicht ganz leichten aber umso interessanteren Wanderung kennen lernen.

Happurg, als „Havechesburg" (umfriedete Burg) 1057 erwähnt, gehörte bis 1300 zu Reicheneck. Später hatten auch die Nürnberger Patriziergeschlechter Tucher und Holzschuher hier Besitzungen, z.B. das Tucherschloss, Hauptstraße 9. Die evangelische Pfarrkirche aus dem 14. Jh. wurde 1781 umgebaut. Das Altarbild zeigt das Heilige Abendmahl in anderem Blickwinkel, mit Christus an der Stirnseite der Tafel. Wappen von Nürnberger Patriziergeschlechtern am Chorbogen und an der Herrschaftempore. Die Gemälde schuf der Hersbrucker Kirchenmaler Christof Reich. Der 55 Hektar große Stausee, vom Albach und Kainsbach gespeist, fügt sich gut in die Landschaft und lockt Wassersportler, Spaziergänger und Radfahrer. Er ist durch 3,7m dicke Rohre mit dem Obersee auf dem Deckersberg verbunden. Bei Strombedarf stürzen bis zu 90 cbm Wasser pro Sekunde in die Turbinen des Kraftwerks im Tal.

Am Happurger S-Bahnhof beginnt und endet ein neuer 5 km langer „Geomorphologischer Lehrpfad", der mit GeO auf gelbem Grund markiert ist. Dieses Zeichen führt uns anfangs. Es geht mit der Straße in Richtung Happurg zu den beiden ersten Tafeln, die uns etwas über den Lehrpfad und die Entstehung unseres Schichtstufenlandes vom Oberrheinischen Graben bis zum Oberpfälzer Wald erklären. 300 Meter später biegen wir mit GeO und Gelbkreuz links in die „Houbirgstraße" ab, steigen steil hoch und gehen oben rechts um die Schule.
Vor dem Ortsschild biegt Gelbkreuz links ab nach Pommelsbrunn. Hier gehen wir mit GeO rechts am Ortsschild vorbei auf geteertem Fahrweg, an der Tafel 3 vorbei weiter aufwärts. Am Wasserhaus steht die Tafel 4, dort verlässt uns der Geo-Pfad und wir steigen ohne Zeichen weiter. Der Asphalt endet bald und es ist nicht mehr so steil. Nach dem 1946 aufgelassenen Steinbruch können wir links im Steilhang die aufgeschichteten mächtigen

Kalksteinplatten und die sie umklammernden Baumwurzeln bewundern.
Dann kommen rechts aus der Hunnenschlucht Grün- und Gelbpunkt hoch und wir gehen zur Tafel, die Lage und den Umfang dieser einst hier oben auf der Houbirg angelegten frühgeschichtlichen Siedlungsanlage zeigt.
Jetzt gut aufpassen! Es geht nur noch kurz links, bis Grünpunkt und 1 links abbiegen, dort verlassen wir den markierten Weg, steigen ohne Zeichen rechts den Pfad kurz hoch und gehen dann rechts auf dem hier verflachten Wall, der rechts steil zur wildzerklüfteten „Hunnenschlucht“ abfällt.
In der Linkskurve ist der Wall dann gut zu erkennen, wir gehen jetzt innen am Wall entlang. Das hier keilförmig nach Westen ausgerichtete Stück der alten Fliehburg nennt man „Karwinkel“. Auf dieser Ebene innerhalb des Walles soll eine kleine Siedlung gestanden sein. Der Flurname „Am Schloss“ könnte aber auch auf eine hier gestandene Burg hinweisen.
Allmählich verflacht der Wall wieder, tief unten verläuft der mit Grünkreuz und -strich markierte Wanderweg, auf den wir bald stoßen. In der Rechtskurve kommt der GeO-Pfad von links und führt dann rechts abwärts.
Jetzt folgen wir dem gelbroten und den grünen Zeichen links an der Bank vorbei allmählich aufwärts. Auf dem Wall rechts von uns verläuft auch ein Pfad, doch der ist steinig und holprig. Von dort können wir tief unten den Stausee mit der Bootsanlegestelle und Gaststätte „Seeterrassen“ sehen.
Oben durchschneidet unser Weg den Wall, der hier gut zu erkennen ist, und hinauf zum höchsten Punkt der einstigen Fliehburg führt. Danach geht es links auf gemütlichem gut markierten Weg durch meist aus Buchen bestehenden Wald bis zur Sitzgruppe an der ersten Aussichtskanzel einer mächtigen Felsgruppe.
Diesen Platz merken, hier links geht es dann mit Grün-

und Gelbpunkt weiter! Zunächst aber gehen wir rechts zum Aussichts-Felsen hoch über dem Albachtal und genießen den sich bietenden Fernblick. Dann können wir auf Steinstufen abwärts und rechts hinaus zu einer weiteren Aussichtskanzel steigen. Der weitere Abstieg ist zu gefährlich, deshalb folgen wir kurz noch allen Zeichen und biegen nach ca. 50 m mit Gelbpunkt rechts zum Fels hin ab. Durch das rechte Felsentor kommen wir zur mächtigen Felsenhalle mit mehreren kleinen Nebenhöhlen, die dem „Hohlen Fels" den Namen gab.

Diese pompöse Hallenhöhle ist eine der frühesten vorgeschichtlichen Siedlungsstätten der nördlichen Frankenalb. Erst Anfang des vergangenen Jahrhunderts hier entdeckte menschliche Skelette könnten aus der Neandertal-Rasse stammen.

Nach dem Höhlenbesuch müssen wir zurück, hinauf zu der bekannten Sitzgruppe, und dann mit Gelb-, Grünpunkt und der Ziffer 1 dem sog. „Flügelwall" aufwärts folgen, der den Ringwall mit dem „Hohlen Fels" verbindet und nach rechts steil abfällt.
Oben durch die Felsen kommen wir zum höchsten Punkt unserer Houbirg und stoßen bald wieder an den Wall, den man auch „Ringwall" nennt und der hier besonders hoch ist. Ihm folgen wir jetzt rechts allmählich abwärts, kommen an einen 1982 unter Aufsicht von Archäologen geschaffenen Durchbruch vorbei und bleiben auf dem Weg innerhalb.

Ganze 4,5 km Umfang hat der hier noch bis zu 13m hohe Ringwall, in den die gesamte Nürnberger Altstadt passen würde. Es ist eines der interessantesten frühgeschichtlichen Denkmäler Frankens. Ähnliche Zeugen gibt es u.a. auf der Milseburg in der Rhön und am Hesselberg.

Am nächsten Walldurchbruch können wir kurz links in den Fichtenwald zur „Hüll" gehen, der einzigen Feuchtstelle bzw. Wasserstelle innerhalb der einstigen Befestigungsanlage.
Wir müssen aber zurück, auf den Wall hochsteigen und auf der Wallkrone weiter abwärts wandern. Deutlich ist zu erkennen, dass die Urmenschen hier - wo das Gelände nach Osten hin verflacht - vor der Mauer, auf deren Resten wir wandern, noch einen Graben und einen Vorwall angelegt hatten.
Unten kommen wir, mit etwas schwierigem Abstieg, an einen Querweg und stehen am einstigen Osttor, wo wir die grünen Zeichen verlassen. (Wer zum Happurger S-Bhf. will, folgt hier dem grünen Punkt weiter auf dem Grenzwall oder geht mit der Ziffer 2 links quer durch das ehem. Siedlungsgelände. Beide Zeichen führen wieder zu der Tafel oberhalb der Hunnenschlucht.
Wir gehen mit Gelbpunkt rechts durch den Wall und nach der Übersichtstafel links abwärts. Bei der Dreiergabel nehmen wir den mittleren Weg und wandern dann rechts zum Wald hinaus.
Auf einem Feldweg mit schöner Aussicht zur jenseitigen Bergkette, von der Ruine Lichtenstein bis zum Kletterfels Zankelstein, erreichen wir den zur Gemeinde Pommelsbrunn gehörenden Weiler Reckenberg.
Im Ort kommt Blaupunkt rechts von Förrenbach, wir kreuzen die Straße und gehen am Open-Air-Schweinestall vorbei wieder hinaus. Blaupunkt biegt links ab und wir folgen Gelbpunkt auf grasigem, fast ebenem Weg hinaus in die vom Wald umsäumten Wiesen, Felder und Kirschgärten.
Im nächsten überwiegend aus Laubbäumen bestehenden Wald kommen Gelbkreuz und das blaue M rechts von Arzlohe her und wir müssen hier bei Feuchtigkeit etwas auf die gelbschwarz leuchtenden Feuersalamander achten, die hier gerne durchs Laub kriechen. Dann

verlässt uns das blaue M wieder in Richtung Mühlkoppe und wir folgen den beiden gelben Zeichen steil abwärts im Waldmantel auf mit alten Kalkscherben befestigtem Weg.
Wir kommen links nahe an eine Braunjuraschlucht heran, bleiben im Niederwald daneben und gehen dann unten über den Steg. Hier steht noch eine Übersichtstafel über den Wall auf der Houbirg und ein schön geschnitzter Wegweiser mit einem Steinzeitmenschen vor seiner Behausung.
Der Straße folgen wir abwärts, vorbei an der vielstämmigen Weide vor der Weidenmühle, und kommen am Spielplatz und der Kneippanlage vorbei zum S-Bahnhof.

Pommelsbrunn *liegt am Südostende des Hersbrucker Talkessels am Ausgang des Högenbachtales, zu Füßen der Burgruine Lichtenstein und des Kletterfelsens Zankelstein. Sehenswert ist die barocke Kirche mit achteckigem Turm und Decken- und Emporengemälden des Hersbrucker Malers Christoph Reich. Das alte Richterhaus mit angrenzendem Stadel beherbergt heute die Sparkasse, daneben im Pfarrhaus verbrachte der ehemalige bayerische Finanzminister Freiherr von Riedel seine Jugendzeit. Besuchenswert ist das Heimatmuseum im ehemaligen Schulhaus, mit wechselnden Ausstellungen, und das schön renovierte historische Badhaus.*

Ortsregister

Besondere Wanderwege